# LES ASSURANCES
## ET LE CASIER JUDICIAIRE

**Catalogage avant publication de Bibliothèque et Archives nationales du Québec et Bibliothèque et Archives Canada**

Bernheim, Jean Claude (dir.)

Le casier judiciaire et les asurances multirisques

Comprend des réf. bibliogr.
ISBN 978-2-923656-

Mise en page : GROUPÉDITIONS ÉDITEURS
Conception et montage de la page couverture: Faustin Bouchard
Distribution: DGI, Distribution Groupéditions.

Tous droits de reproduction, d'édition, d'impression, de traduction, d'adaptation et de représentation, en totalité ou en partie, sont réservés. Reproduction interdite sans l'autorisation écrite de GROUPÉDITIONS ÉDITEURS, C.P. 88030, CSP Vieux-Longueuil, Longueuil (Québec) J4H 4C8
Téléphone: (514) 461-1385 – Télécopieur: (514) 461-1386
info@groupeditions.com
www.groupeditions.com

**Les assurances et le casier judiciaire**
**ISBN 978-2-923656-09-0**

© GROUPÉDITIONS ÉDITEURS
Dépôt légal - Bibliothèque et Archives nationales du Québec, 2008
Dépôt légal - Bibliothèque et Archives Canada, 2008

Jean Claude Bernheim

avec la collaboration de Karine Cyr et Marie-Claude Fournier

# LES ASSURANCES
## ET LE CASIER JUDICIAIRE

SOCIÉTÉ – CRIMINOLOGIE

GROUPÉDITIONS

# *Remerciements*

*Les auteurs tiennent à remercier les détenus du pénitencier Leclerc, et plus particulièrement Yves Leduc et le Comité des détenus, qui ont suscité l'étude que nous avons entreprise. Sans leurs démarches et leur ténacité, nous n'aurions pas pu finaliser un projet d'une telle ampleur.*

*Nous tenons également à souligner l'apport financier que nous a accordé l'Aumônerie communautaire de Montréal, qui a cru sans réserve à l'importance du projet et qui a soutenu sans réticence l'ampleur que nous estimions devoir accorder à cette analyse. Le projet a également bénéficié d'un don anonyme important, ainsi que d'une contribution de la Société Saint-Léonard de Montréal et de l'Office des droits des détenu-e-s. Le support technique que nous a constamment accordé l'Association des services de réhabilitation sociale du Québec, a grandement contribué à nous faciliter la tâche relative à la cueillette de l'information.*

*Comme nous estimions primordial que le projet reflète le mieux possible la réalité que vivent les personnes ayant un casier judiciaire ainsi que leur famille, nous avons grandement apprécié la collaboration d'Option-Vie qui a assuré en partie la distribution des questionnaires et la récupération de ceux-ci. Nous avons également profité de leur expertise en milieu correctionnel ainsi que celle du Comité consultatif des citoyens du pénitencier Leclerc et de son président régional, M. Maurice Lavallée.*

*Nous voulons noter l'appui implicite de la direction du pénitencier Leclerc qui nous a permis de rencontrer régulièrement les personnes et les groupes appuyant le projet.*

# *Introduction*

*Une chose frappe tout d'abord*
*celui qui étudie le casier judiciaire,*
*c'est l'humilité, la clandestinité presque de sa naissance*
*et la façon anormale dont il s'est développé.*
(Gauthier, 1905, dans Pozo, 1979)

Près de quatre millions de canadiens et de canadiennes possèdent un casier judiciaire en 2008 (selon la Section des archives criminelles de la GRC, en 2001, il y avait 3 282 193 casiers judiciaires[1], dont 2 600 994 hommes et 681 199 femmes). Dans un cadre sociétal où la diffusion de l'information et l'accès aux renseignements personnels sont largement favorisés, tant par le discours que par les technologies qui le permettent, les impacts négatifs du casier judiciaire, déjà reconnus dans certains domaines tels que l'emploi, la protection de la vie privée et les déplacements transfrontaliers, envahissent d'autres aspects de la vie des individus. Par exemple, les propriétaires sont de plus en plus nombreux à se renseigner sur le passé judiciaire de leur locataire potentiel.

Notre étude s'intéressera à un autre domaine où la discrimination semble devenir systémique, au Québec, à l'égard des individus judiciarisés et de leur famille, soit le domaine des assurances personnelles dites multirisques. En effet, plusieurs personnes sont refusées comme clients par des compagnies d'assurance standard ou elles voient leur réclamation rejetée parce qu'elles n'ont pas spécifié, au moment de la demande d'assurance, qu'elles ont un casier judiciaire ou que leur conjoint ou un de leurs enfants en a un. Considérant le nombre de Québécois judiciarisés (nous estimons à 800 000 le nombre de Québécois ayant un casier judiciaire), les conséquences économiques et sociales de telles pratiques sont à prendre en considération.

Nous nous étions intéressés à la question dès 2002, à la suite de plaintes qui avaient été reçues par l'Office des droits des détenu-e-s. Une étude préliminaire avait été menée pour mieux cerner l'état de la situation. Elle a été relativement peu diffusée (Bernheim 2003, 2004, 2005).

Dans ce livre, nous allons démontrer que le casier judiciaire, tel que nous le connaissons au Canada, est un obstacle majeur en matière d'assurance et que, par conséquent, la notion de réhabilitation demeure tout à fait théorique. Dans un premier temps, nous ferons un bref historique du casier judiciaire et nous présenterons son cadre législatif. En second lieu, nous dresserons un portrait de l'assurance en enchaînant avec la définition de risque moral, un argument utilisé invariablement dans l'évaluation des risques associés au casier judiciaire. Nous préciserons la question de la discrimination et des assurances et nous poursuivrons avec une revue de la jurisprudence. Nous présenterons les données de nos enquêtes et des études de cas. Le concept de réhabilitation sera ensuite évalué à la lumière des résultats de notre étude sur la situation des personnes ayant un casier judiciaire et nous conclurons sur la question de l'assurance et du casier judiciaire, entre autres, en faisant des recommandations.

---

1 Dans Service correctionnel Canada, 2001, p. 13, et Sécurité publique du Canada, 2002, p. 95. La même statistique est reprise dans les éditions de 2004 (p. 100), de 2006 (p. 107) et de 2007 (p. 107). En décembre 1996, 2 529 283 personnes avaient un casier judiciaire (Solliciteur général du Canada, 1997, p. 7). On peut donc extrapoler et estimer à près de quatre millions le nombre de personnes qui avaient un casier judiciaire en janvier 2008.

# *Chapitre 1*

# *Le casier judiciaire et son cadre législatif*

La première forme de casier judiciaire a vu le jour en France en 1808 lorsque le Code d'instruction criminelle instaure les sommiers judiciaires «destinés à regrouper en un seul lieu les antécédents de tous les criminels, puis à diffuser ces informations pour permettre à la police et à la justice de connaître le passé de ceux qu'elle recherche et qu'elle juge» (Elek, 1988, p. 12). Si, au départ, le casier judiciaire a été instauré pour connaître l'*état de récidive* (Clerc, 1979, p. 11), il est vite devenu un moyen de s'informer du passé judiciaire d'un individu, accessible et utile non plus seulement aux agents du système pénal, mais aussi à la communauté. La revue de la littérature sur le casier judiciaire nous permet de cerner trois principaux problèmes qui peuvent être résumés ainsi :

1- Que constitue le casier judiciaire ?
2- Quelles informations peuvent être transmises ?
3- À qui et pour quelles raisons ces informations peuvent-elles être transmises ?

C'est justement le caractère public du casier judiciaire qui entraîne ces conséquences négatives. Pour comprendre son effet de stigmatisation, il faut comprendre sa nature même et l'association historique qui s'est établie entre le stigmate physique du déshonneur de l'ancien droit et le stigmate juridique que représente le casier judiciaire aujourd'hui.

## Préhistoire du casier judiciaire

On peut considérer que le casier judiciaire est le prolongement d'une manière de punir. Les châtiments corporels sont imposés jusqu'au 19e siècle malgré l'évolution des mœurs. Ils sont plus ou moins cruels. Parmi ces peines, nous retrouvons l'exposition publique qui comprenait notamment le carcan, le pilori, le cheval de bois et la promenade dans les rues. Ce type de peine a été appliqué dès 1633 à Québec (Boyer, 1966, p. 177). Un des objectifs visés par ces sanctions était de montrer au peuple les conséquences éventuelles de la commission de crimes, de lui faire connaître qui avait été condamné et pourquoi, et de mettre le condamné au ban de la société.

Une autre manière d'exprimer la condamnation consistait à flétrir ou à marquer au fer. En tant que peine accessoire, elle est afflictive et infamante. Elle a pour objectif de désigner à vie ceux que l'on a condamnés et que l'on considère comme des délinquants. Ainsi, elle devient une mesure de sécurité sociale et un moyen d'identifier les récidivistes. Thomas More (1516), homme politique et humaniste anglais, avait suggéré pour sa part de mutiler les criminels à l'oreille pour pouvoir les reconnaître en cas d'évasion ou de récidive.

Jusqu'au 17e siècle, la flétrissure est imprimée sur le front ou la joue, par la suite elle le sera sur l'épaule. En 1670, le roi de France décréta que les marques de fleurs de lys seraient imprimées sur l'épaule. Le pape use des deux clefs de saint Pierre en sautoir. La flétrissure est imposée en Nouvelle-France pour des crimes graves seulement. Boyer (1966) a recensé vingt et une personnes condamnées à cette peine, la première l'ayant été en 1665. Le dernier marquage d'une fleur de lys eut lieu en 1758. En 1802, le gouvernement du Haut-Canada a aboli la flétrissure pour les crimes autres que les homicides involontaires. Au Bas-Canada, il a fallu attendre 1835 pour que cesse la pratique consistant à brûler la paume de la main.

Les Britanniques ont eu recours également aux mutilations et aux flétrissures. Par un acte statutaire, le roi Henri VIII (1509-1547) ordonnait la perte du poing droit pour celui qui levait la main sur qui que ce soit dans la maison du roi. Le 18e siècle est l'époque où l'on instaure la coutume d'imposer la marque dans la paume de la main. Ainsi, il était possible de vérifier la récidive en demandant aux criminels de lever la main. La flétrissure a été abolie en 1829, en Grande-Bretagne. En Belgique, la flétrissure a été maintenue dans les textes jusqu'en 1867, mais elle n'a plus été appliquée après 1849 (Kellens, 1991, p. 79).

Au cours du 18e siècle, l'individualisation de la peine prenant de l'importance, on a voulu mieux indiquer la nature du crime en inscrivant une lettre ou des lettres appropriées. Lorsque l'épaule droite ne suffit plus, on utilise l'épaule gauche. Comme le dit Boyer (1966), les mutilations et les flétrissures sont des «peines qui, sans s'attaquer à la vie, affectaient le corps et l'honneur, les plus pernicieuses, parce qu'elles étaient un obstacle invincible à l'amendement ultérieur du coupable» (p. 164), même si la marque sur l'épaule rend possible une certaine confidentialité relative à la condamnation.

L'incompatibilité de la prévention par la flétrissure avec la réhabilitation ou la réinsertion sociales n'a pas échappé aux révolutionnaires français, qui ont supprimé la marque au fer[1] dans le Code pénal de 1791, quoique, par la suite, elle ait été rétablie pour les forçats dans celui de 1810. Il a fallu attendre 1832 pour qu'elle soit définitivement abolie.

## Évolution du casier judiciaire

Le sommier judiciaire instauré en France est l'ancêtre du casier judiciaire. La lourdeur de son organisation rend difficile l'accès et la diffusion de l'information. Ce n'est qu'en 1833 qu'est instaurée la mise sur fiches amovibles des condamnations des criminels classées par ordre alphabétique selon la méthode des «naturalistes, des bibliothécaires, des négociants, des gens d'affaires» (Bonneville, 1844, dans Foucault, 1975, p. 286). Dès 1841, Arnould Bonneville de Marsangy (1802-1894), magistrat français, s'intéresse au sommier judiciaire, mais ce n'est que dans son discours du 5 novembre 1848 à l'audience de la rentrée judiciaire du tribunal civil de Versailles, qu'il décrira la façon dont il entend organiser le casier judiciaire[2] (Dupuis, 1957; Elek, 1988). Il propose que les fiches des condamnés soient remplies par la juridiction de condamnation puis envoyées au tribunal du lieu de naissance, pour une vérification d'identité. L'information recueillie contiendra également les mandats d'amener et d'arrêt, les décisions par contumace et toutes celles entraînant une incapacité civique. Ainsi, les autorités administratives tout comme les instances judiciaires et policières pourront avoir accès à une information utile et nécessaire pour juger de la moralité d'une personne ou de son état de récidive criminelle.

En 1850, son projet obtient l'agrément du garde des sceaux Rouher, qui, le 6 novembre, signe une circulaire officialisant la création «au greffe de chaque tribunal un casier destiné aux renseignements judiciaires [...] ce casier sera destiné à recevoir et à classer par ordre alphabétique des bulletins constatant à l'égard de tout individu né dans l'arrondissement : tout jugement ou arrêt devenu définitif, rendu contre lui en matière correctionnelle ; tout arrêt criminel rendu contre lui par la cour d'assises ou par les tribunaux militaires ; toute mesure disciplinaire dont il aurait pu être l'objet ; tout jugement déclarant sa faillite s'il est négociant ; toute réhabilitation qu'il aurait obtenue, soit comme condamné, soit comme failli [...]» (Elek, 1988, p. 17). Il faut souligner que «pendant près d'un demi-siècle, ce casier judiciaire n'eut qu'une existence administrative résultant de simples circulaires. Il ne fut légalement réglementé que par la loi du 5 août 1899» (Soyer, 1972/1987, p. 161). D'autres pays, comme la Belgique en 1853, emboîteront bientôt le pas. On peut souligner que l'affichage des condamnations criminelles dans les lieux publics avait pour conséquence de stigmatiser les condamnés. «Le code pénal français en faisait à l'origine une peine accessoire de toutes les peines criminelles. L'ordonnance du 23 décembre 1958 en a fait une peine complémentaire facultative» (Schmelck et Picca, 1967, p. 116). Le nouveau code pénal français confirme le maintien de cette peine complémentaire, ainsi «la juridiction peut ordonner l'affichage ou la diffusion de l'intégralité ou d'une partie de la décision, ou d'un communiqué informant le public [...]» (art. 131-35).

**La Loi sur le casier judiciaire**

Il faudra attendre 1970 pour que le Canada légifère en la matière. La mise en dossier des renseignements criminels était une pratique courante des policiers bien avant l'adoption de la loi. Il semble que, dès les années soixante, le dossier judiciaire et les pratiques l'entourant étaient reconnus comme une source de discrimination à l'endroit des individus concernés. La *Loi sur le casier judiciaire* découle de la reconnaissance de leurs effets stigmatisants. En effet, le Comité canadien de la réforme pénale et correctionnelle reconnaît que « la divulgation du dossier criminel des délinquants met sérieusement leur réhabilitation en danger et, par là, risque d'annihiler le processus correctionnel » (Ouimet et coll., 1969, p. 445). De plus, le Comité Ouimet met en évidence le fait qu'il est facile d'obtenir des informations relatives aux condamnations criminelles et que «cette divulgation trop répandue peut inutilement causer du tort au délinquant» (p. 445). Le Comité recommande que «les infractions punissables sur déclaration sommaire de culpabilité (délit) soient invalidées automatiquement lorsque deux années se sont écoulées, sans nouvelle infraction, depuis l'expiration de la peine [...] ; qu'un casier judiciaire invalidé ne soit pas remis en usage, advenant une nouvelle condamnation sur déclaration sommaire de culpabilité, la nouvelle infraction devant être considérée comme un premier délit» (p. 447-448).

Contrairement à ce que le titre de la loi semble indiquer, il ne s'agit pas d'une loi régissant le casier judiciaire. En effet, son objet est le pardon, un procédé par lequel l'individu peut faire « sceller » le contenu de son casier judiciaire. Elle régit donc la procédure du pardon et les raisons pour lesquelles le pardon peut être révoqué. Notons que la particularité de cette loi est de mettre l'accent sur le pardon dans le but de mettre fin à la stigmatisation dont sont l'objet les ex-détenus, même lorsqu'ils sont considérés comme réhabilités. Il suffit de se référer aux multiples éditions aux brochures intitulées *Le pardon conformément à la Loi sur le casier judiciaire* ou *La réhabilitation conformément à la loi sur le casier judiciaire*, pour comprendre l'objectif poursuivi par cette loi.

Dans ce chapitre, nous nous attarderons sur les effets secondaires de la *Loi sur le casier judiciaire*. Premièrement, les critiques relatives au casier judiciaire sont liées à l'absence de définition et à la façon dont ce dernier est construit : « Ainsi, nonobstant son titre abrégé, la *Loi sur le casier judiciaire* ne définit même pas ces termes et ne traite que partiellement de ce qui paraît devoir être son objet. Elle ne contient pas, comme on serait porté à croire, un corps de dispositions réglementant la création, l'utilisation et la disparition du casier judiciaire [...]. Au surplus... cette loi est venue créer des problèmes additionnels d'interprétation quant à la notion de casier judiciaire » (Frégeau, 1982, p. 28). Selon Frégeau (1982), les articles de la loi renforcent l'idée populaire que le casier judiciaire découle d'une infraction grave et non d'une simple contravention, alimentant par le fait même les préjugés contre les personnes condamnées. Le renforcement des préjugés découlant du casier judiciaire pourrait être un effet recherché par la présente loi entrée en vigueur en 1992. En effet, selon Dumont (1995), la mauvaise réputation du contrevenant a permis d'instaurer la *Loi sur le casier judiciaire*. Si elle paraît de prime abord vouloir aider les personnes ayant un casier judiciaire, cette loi vise surtout à légitimer «l'utilisation de renseignements personnels» (Dumont, 1995, p. 111). Grâce à une loi permettant d'«éliminer » les effets négatifs du casier judiciaire lorsque l'individu est réhabilité, l'accumulation et la divulgation des renseignements sur les criminels non réhabilités semble banales. « En effet, la Loi sur le casier judiciaire postule ou subsume le caractère stigmatisant de toutes les infractions fédérales puisque l'on peut se prévaloir du soi-disant pardon prévu dans la loi pour toutes les condamnations fédérales. On présuppose ainsi que toutes les condamnations fédérales portent atteinte à la réputation. La loi canadienne étend ainsi le domaine juridique de la stigmatisation sociale à un nombre beaucoup plus important de condamnés que ceux marqués au fer rouge à une époque révolue ou ceux trouvés coupables d'une « felony » en common law et affublés alors du stigmate physique ou public de la criminalité » (Dumont, 1995, p. 114).

Ce qui constitue le casier judiciaire est un autre élément que ni la loi et ni les articles scientifiques ne nous permettent de circonscrire. Une chose est sûre, plusieurs fichiers rassemblent des informations sur les antécédents judiciaires autres que les condamnations, telles que les accusations, les arrestations, les libérations inconditionnelles ou sous conditions, les acquittements, les empreintes, les photos, bref, toutes les informations jugées pertinentes par les policiers. On peut donc dire que la *Loi sur le casier judiciaire* de 1970 est «une législation de première génération sur la constitution de banques de données à caractère personnel concernant une catégorie d'individus» (Dumont, 1995, p. 112). La loi a pour conséquence première, lors de l'octroi d'un pardon, d'amener le transfert de l'information relative au casier judiciaire de la banque principale de données dans un autre fichier. Le pardon n'est qu'un moyen pour rendre en partie inaccessible l'information relative aux condamnations. Il ne rétablit pas l'honneur du condamné, car celui-ci doit continuer d'admettre qu'il a subi une condamnation, mais il peut arguer du fait qu'il a obtenu un pardon. De plus, comme la loi est fédérale, elle ne s'applique qu'à ce niveau et, par conséquent, les corps policiers provinciaux ne sont pas tenus légalement à la discrétion. Il va sans dire que le nombre de fichiers contenant de l'information sur les antécédents judiciaires ainsi que les préjugés liés au casier judiciaire font obstacle à une réelle réhabilitation et à toute tentative de protéger les renseignements personnels.

---

[1] «Le casier judiciaire est la succession de la marque au fer rouge» (Ancel, 1979, p. 40)

[2] Il présentera un rapport au ministre de la Justice en décembre 1848 et publiera un opuscule en 1849.

# *Chapitre 2*

## *Le contexte juridique de la régulation des compagnies d'assurance*

Puisque notre étude porte sur des pratiques des compagnies d'assurance, il importe de comprendre le cadre législatif régissant les relations entre les compagnies et leurs clients. Pour ce faire, nous considérerons les différentes lois concernant les compagnies d'assurance tant du point de vue administratif que de celui de leurs relations avec les assurés.

Le gouvernement fédéral et les gouvernements provinciaux et territoriaux se partagent les compétences relatives à l'industrie de l'assurance. Au plan fédéral, la *Loi sur les sociétés d'assurances* actuellement en vigueur a été promulguée en 1992, lors de la réforme fédérale du secteur financier. La *Loi sur les sociétés d'assurances* régit la formation, l'organisation et les activités des compagnies d'assurance qui relèvent de la compétence fédérale[1]. Le gouvernement fédéral, par l'entremise du Bureau du surintendant des institutions financières (BSIF), surveille les trois quarts des sociétés d'assurance et plus de 80 % de l'ensemble des polices. Il s'agit de compagnies qui ont des activités dans plus d'une province ou de compagnies étrangères qui ont des filiales au Canada. Les compagnies assujetties à la réglementation fédérale doivent également être agréées dans chacune des provinces où elles exercent des activités. Par contre, la loi en question ne fait nullement mention des obligations de la compagnie envers les assurés, exception faite de l'obligation d'avoir les moyens financiers suffisants pour assurer le paiement en cas de sinistre. Ce sont les provinces et les territoires qui ont la responsabilité de réglementer les modalités des contrats d'assurance et l'agrément des agents, courtiers et experts indépendants. Par conséquent, il peut y avoir des différences importantes entre les provinces/territoires. Il faut signaler que le Québec est doté d'un *Code civil* d'inspiration napoléonienne, alors que le droit civil des autres provinces et des territoires relève de la *common law*.

Cette répartition des compétences vient de la *Loi constitutionnelle de 1867*[2], qui donne aux provinces le droit de légiférer en matière de droit de propriété et de droits civils, et dans toutes les matières de nature locale ou privée[3]. Dans ce chapitre, nous décrivons les lois et les règlements relatifs à l'industrie de l'assurance au Québec et donnons des précisions sur un certain nombre d'organismes concernés par la question des assurances

**Règles encadrant l'assurance**

Adoptée en 1978, la *Loi sur l'assurance automobile* a institué la Société d'assurance automobile du Québec et elle gère toute la question du régime d'indemnisation public lié aux blessures et aux décès dus à un accident de la route. Elle ne traite aucunement des obligations de l'assureur et de l'assuré, mis à part l'obligation, pour les propriétaires d'une automobile, de détenir une assurance responsabilité en faveur des tiers.

> La *Loi sur les assurances* régit l'organisation interne et la constitution des compagnies d'assurance, mais non leurs relations avec les assurés. Les seules dispositions qui traitent de l'obligation des compagnies envers leurs clients sont celles concernant le processus de gestion des plaintes. Ainsi, tout assureur doit traiter de façon équitable les plaintes qui lui sont formulées. À cette fin, l'assureur *doit* se doter d'une politique portant sur:
> 1° l'examen des plaintes et des réclamations formulées par des personnes ayant un intérêt dans un produit ou service qu'il a fourni;
> 2° le règlement des différends concernant un produit ou un service qu'il a fourni[4].

La loi attribue également au gouvernement la charge de réglementer les normes relatives à la divulgation des conditions des contrats d'assurance et à la présentation du texte; de veiller à ce que les assureurs utilisent les formulaires obligatoires de polices d'assurance; de statuer sur la forme que doivent revêtir les polices d'assurance et le minimum de couverture que doit comporter chaque catégorie de police d'assurance; et, surtout, de fixer des normes concernant l'usage que l'assureur peut faire de l'information qu'il possède sur ses assurés ou sur les clients d'une institution financière dont il offre les produits[5]. Malheureusement, à ce jour, le gouvernement du Québec n'a pas encore adopté de règlement dans ces matières[6].

**Les règles supplétives**

Au Québec, certaines règles ont été édictées comme étant supplétive à toute autre loi qui ne mentionnerait rien de précis sur un sujet particulier. Cela signifie que, lorsqu'une loi est muette sur un sujet quelconque, le législateur a souhaité que les règles supplétives s'appliquent.

*Code civil du Québec*

En matière de contrat et d'obligations, c'est le *Code civil du Québec* qui est reconnu comme règle supplétive. Le *Code civil* régit les règles de formation d'un contrat[7], les obligations de chacune des parties dans un contrat et la bonne foi[8]. Il nous renseigne aussi sur les conditions de validité d'un contrat ou d'une de ses clauses[9], sur les règles d'interprétation[10], ainsi que sur les motifs qui peuvent justifier son annulation ou sa résiliation[11].

Le *Code civil* contient également un chapitre sur les assurances dans lequel sont précisés la nature du contrat d'assurance, la formation et le contenu du contrat, la nécessité de l'assureur de divulguer toutes les conditions au contrat[12] et l'obligation de l'assuré de divulguer tout ce qu'il croit pertinent pour l'analyse du risque qu'il présente. De plus, la section III de ce chapitre porte sur l'assurance de dommages et donne des précisions sur les obligations de l'assureur et de l'assuré, sur l'aggravation du risque de même que sur la résiliation du contrat.

Parmi les dizaines de dispositions que contient le *Code civil* à ce sujet, celles qui nous paraissent les plus pertinentes pour notre propos sont les articles 2408 et 2409 qui méritent d'être cités intégralement :

> 2408. Le preneur, de même que l'assuré si l'assureur le demande, est tenu de déclarer toutes les circonstances connues de lui qui sont de nature à influencer de façon importante un assureur dans l'établissement de la prime, l'appréciation du risque ou la décision de l'accepter, mais il n'est pas tenu de déclarer les circonstances que l'assureur connaît ou est présumé connaître en raison de leur notoriété, sauf en réponse aux questions posées.
>
> 2409. L'obligation relative aux déclarations est réputée correctement exécutée lorsque les déclarations faites sont celles d'un assuré normalement prévoyant, qu'elles ont été faites sans qu'il y ait de réticence importante et que les circonstances en cause sont, en substance, conformes à la déclaration qui en est faite.

On ne peut, par contrat, modifier les obligations contenues dans ces articles. Ils sont ce que l'on appelle *d'ordre public*, c'est-à-dire que, si une clause d'un contrat prévoit que ces articles ne s'appliquent pas, elle ne s'appliquera tout simplement pas et sera donc sans effet. On ne peut donc aller contre l'ordre public, sauf si cela a pour effet de mettre en place un contexte plus favorable à l'assuré.

Ces deux articles déterminent donc les obligations de l'assuré lors de la soumission de la proposition d'assurance ; il doit déclarer toutes les circonstances qu'il connaît et qui sont susceptibles d'influencer de façon importante la prime ou l'appréciation du risque. Il n'est pas obligé de déclarer les faits qu'il croit que l'assureur sait déjà ou se doit de savoir, en raison de leur notoriété, sauf s'il se fait poser la question. On apprécie la conduite de l'assuré en la comparant à la conduite d'un « assuré normalement prévoyant », de bonne foi et raisonnable. Bref, la situation dépeinte par l'assuré doit ressembler à celle dans laquelle il est réellement. Puisqu'il est de bonne foi, il doit répondre honnêtement aux questions posées et ne pas être réticent, c'est-à-dire ne pas cacher une information qu'il sait pertinente, mais ne veut pas dévoiler. Il doit dévoiler ce qu'il croit sincèrement être de nature à influencer l'appréciation du risque :

> 2466. L'assuré est tenu de déclarer à l'assureur, promptement, les circonstances qui *aggravent les risques stipulés dans la police* et qui résultent de ses faits et gestes si elles sont de nature à influencer de façon importante un assureur dans l'établissement du taux de la prime, l'appréciation du risque ou la décision de maintenir l'assurance. (Nous soulignons.)

Cet article du *Code civil* précise que, si les circonstances relatives à l'assurance changent par rapport à ce quelles étaient au moment de l'établissement de la police d'assurance, l'assuré doit en faire part à son assureur sous peine de voir sa police d'assurance annulée.

**Des organismes publics**

Les compagnies d'assurance sont assujetties au contrôle d'un certain nombre d'organismes publics dont le mandat est de s'assurer qu'elles sont solvables et respectent les lois et les règles mentionnées plus haut.

Le Bureau du surintendant des institutions financières (BSIF)

Le Bureau du surintendant des institutions financières, mis sur pied en vertu d'une loi fédérale en 1987, est le principal organisme de réglementation et de surveillance des institutions de dépôts, des sociétés d'assurance et des régimes de retraite privés fédéraux. Il applique et administre un cadre de réglementation qui confère solidité et stabilité au système financier canadien, permettant à ce dernier de garder la confiance du public et de soutenir la concurrence des marchés nationaux et internationaux. Comme nous l'avons dit plus haut, cet organisme ne s'occupe pas des relations assureurs-assurés.

L'Autorité des marchés financiers

L'Autorité des marchés financiers est un organisme de réglementation des institutions financières québécoises qui relève du ministre des Finances. Créée en vertu de la *Loi sur l'Agence nationale d'encadrement du secteur financier*, elle offre un service de renseignements et de plaintes aux consommateurs de services financiers, et en particulier une assurance des biens et des personnes. Bien qu'elle assure le traitement des plaintes, elle ne peut intervenir dans le cas où une compagnie refuse d'assurer un client ayant un casier judiciaire ou refuse de l'indemniser. Sa position à cet égard est claire : il est de l'obligation de l'individu de déclarer tout renseignement pouvant modifier le risque qu'il représente, y compris un casier judiciaire.

Selon l'Autorité des marchés financiers, le casier judiciaire influence le risque. Mais il n'est pas établi sur quelle étude publique ou analyse actuarielle elle s'est fondée pour adopter une telle position.

L'Association canadienne des compagnies d'assurance de personnes

L'Association canadienne des compagnies d'assurance de personnes groupe des compagnies d'assurance de personnes. Ces compagnies y adhèrent de façon volontaire. En plus de rassembler plusieurs statistiques sur l'assurance de personnes au Canada, elle offre différents services aux consommateurs par l'entremise de deux organismes, soit l'Aide et renseignements destinés aux consommateurs ainsi que le Service de conciliation des assurances de personnes. Tout comme l'Autorité des marchés financiers, l'Association ne peut fournir de l'aide dans le cas d'une discrimination liée au casier judiciaire. Par contre, nous avons découvert un fait qui intéresse directement notre étude en communiquant avec le Service de conciliation des assurances de personnes :

> [...] environ 96 % des propositions d'assurance vie individuelle sont acceptées [...] Parmi les 4 % de propositions refusées près de 20 % le sont [...] pour des raisons non médicales. [...] Ce taux élevé d'acceptation montre que les sociétés d'assurance vie sont parvenues à faire bénéficier le plus grand nombre possible de Canadiens des avantages de l'assurance vie tout en

> tenant compte de la santé, de la profession et du mode de vie de chacun. [...] À ceux qui présentent un risque aggravé et qui de ce fait ne peuvent pas obtenir de polices au taux de prime normal, les sociétés offrent des polices dont la prime a été majorée en conséquence. [...] Environ 4 % des polices d'assurance individuelles souscrites par les Canadiens représentaient des risques aggravés. Une analyse de ces risques a révélé que [...] 10 % des surprimes ont été imposées [...] pour des raisons non médicales. Il est à noter cependant que pour les personnes qui ont vu leurs propositions refusées, certains types de contrats peuvent être souscrits sans tarification[13].

Nous pouvons émettre l'hypothèse que la présence d'un casier judiciaire se retrouve dans ce 20 % de refus dû à des raisons non médicales ou qu'il entraîne une surprime due au risque aggravé. Au cours d'une conversation téléphonique, un représentant de l'Aide et renseignements destinés aux consommateurs a justifié le refus des compagnies d'assurance vie en mentionnant le risque que représenteraient les individus ayant un casier judiciaire. Ce risque concernerait des habitudes de vie de ces personnes telles que la consommation de drogues. Encore une fois nous sommes confrontés à un point de vue subjectif et à une évaluation du risque dépourvue de base sérieuse et scientifique.

**Des organismes à but non lucratif (OSBL)**

Le Bureau d'assurance du Canada (BAC)

Il s'agit d'une association volontaire des compagnies d'assurance en dommages (de biens) qui offre sensiblement les mêmes services que son équivalent en assurances de personnes, en plus de jouer un rôle actif sur le plan de la prévention de la fraude. Ayant été rencontré par des employés d'Option consommateurs à la suite de quelques plaintes effectuées par des individus possédant un casier judiciaire, le BAC a déclaré n'avoir pas le pouvoir d'obliger ces membres à poser la question du casier judiciaire lorsque l'information était jugée essentielle par ces derniers pour évaluer le risque. Il est dès lors évident que, tout comme l'Autorité des marchés financiers, il remet la responsabilité à l'individu de déclarer lui-même son dossier criminel à l'assureur. Il est à noter que le BAC a une position claire relativement aux personnes ayant obtenu un pardon en vertu de la *Loi sur le casier judiciaire* : les compagnies d'assurance ne devraient pas discriminer ces personnes, concédant qu'une discrimination serait acceptable si une personne n'a pas obtenu de pardon.

Option consommateurs

Option consommateurs est une association sans but lucratif qui défend les intérêts de tous les consommateurs, plus particulièrement des personnes défavorisées économiquement. N'ayant pas de pouvoir légal comme tel, elle utilise des moyens comme la dénonciation, la mise sur pied de recours collectifs ainsi que la publication de rapports de recherche pour aider les consommateurs lésés. Elle a émis des recommandations au Bureau d'assurances du Canada concernant le casier judiciaire, mais ne peut évidemment obliger ce dernier à les suivre.

**Autres organismes**

Contrairement à la discrimination liée à l'emploi ou au logement, celle qui est pratiquée par les compagnies d'assurance n'a pas fait l'objet d'une loi.

L'Office de protection du consommateur est une instance étatique québécoise qui gère les relations les entreprises et les consommateurs :

> Les champs de compétence de l'Office de la protection du consommateur portent principalement sur les relations contractuelles entre les consommateurs et les entreprises dans le domaine des biens mobiliers et des services. L'Office protège également les intérêts des consommateurs sur le plan financier, notamment dans le domaine des agences de voyages, des agences de recouvrement, des arrangements préalables de services funéraires et de sépulture, des studios de santé, du commerce itinérant et des garanties supplémentaires en matière d'automobile. Enfin, il encadre les pratiques de commerce[14].

L'Office n'encadre aucunement les compagnies d'assurance et leurs clients. Les individus aux prises avec un problème d'assurance sont dirigés vers l'Autorité des marchés financiers. En effet, la Loi stipule à son article 5 que «sont exclus de l'application du titre sur les contrats relatifs aux biens et aux services et du titre sur les sommes transférées en fiducie: a) un contrat d'assurance ou de rente […]».

La Commission des droits de la personne et de la jeunesse du Québec se réfère à la Charte des droits et libertés de la personne et veille à ce que ces droits et libertés soient respectés.

Bien que les assurances ne soient pas un droit, la Commission défend les individus victimes d'une quelconque discrimination. Cependant, elle n'a pas de position établie en ce qui concerne les individus et les membres de leur famille qui ne peuvent obtenir une assurance ou une indemnisation en raison de leur casier judiciaire et elle n'est intervenue qu'une seule fois dans ce genre de dossier.

---

[1] *Loi sur les sociétés d'assurances*, 1991, ch. 47.

[2] *Loi constitutionnelle de 1867* (ci-après *Loi constitutionnelle*)

[3] Respectivement aux articles 92(16) et 92(13) de la *Loi constitutionnelle*.

[4] *Loi sur les assurances,* L.R.Q., ch. A-32., article 285.29.

[5] *Supra,* article 420. «Outre les pouvoirs de réglementation qui lui sont conférés par la présente loi, le gouvernement peut faire des règlements conciliables avec la présente loi pour: [...]
*t*) établir les normes relatives à la divulgation des conditions des contrats d'assurance et à la présentation du texte, notamment les caractères d'imprimerie, et pourvoir à l'adoption par les assureurs de formulaires obligatoires de polices d'assurance;
*u)* statuer sur la forme que doivent revêtir les polices d'assurance et sur le minimum de couverture que doit stipuler chaque catégorie de police d'assurance qu'il indique;
*ao)* déterminer les autres personnes qui sont des personnes intéressées à l'égard d'un assureur;
*ap)* déterminer des normes quant à l'usage qu'un assureur peut faire de l'information qu'il possède sur ses assurés ou sur les clients d'une autre institution financière dont il offre en vente les produits [...].

[6] Source : Autorité des marchés financiers, Centre de renseignements aux consommateurs, 21 février 2007.

[7] Article 1434.

[8] Articles 1375 et 2805.

[9] Articles 1435 à 1439. La clause abusive, externe, illisible ou incompréhensible devient nulle si elle cause un préjudice au consommateur. Une clause est abusive lorsqu'elle désavantage le consommateur ou l'adhérent d'une manière excessive et déraisonnable, allant l'encontre de ce qu'exige la bonne foi; elle est abusive aussi lorsque, par exemple, elle est à ce point éloignée des obligations essentielles qui découlent des règles gouvernant habituellement le contrat qu'elle dénature celui-ci.

[10] Articles 1398 à 1408, 1606.

[11] Article 1439 : le contrat ne peut être résolu, résilié, modifié ou révoqué que pour les causes reconnues par la loi ou de l'accord des parties.

[12] Article 2403.

[13] Propos extraits d'une conversation téléphonique.

[14] http://www.opc.gouv.qc.ca/presentation/presentation.asp

# Chapitre 3

# Portrait de l'industrie de l'assurance

*L'assureur est un entrepreneur comme un autre,*
*qui fait des affaires [...]*
*L'assureur ne fait pas de « cadeau » à l'assuré.*

(Mackaay, 1993)

Décrire en détail l'industrie de l'assurance au Canada exigerait un travail considérable qui n'est pas nécessaire aux fins de notre étude. Par contre, il s'avère utile d'en brosser un portrait[1] compte tenu des propos que nous avons recueillis auprès de certains agents d'assurance. En effet, il nous a été rapporté que la pratique d'exclure de plus en plus d'individus avec des caractéristiques particulières ou de ne pas les indemniser en raison d'informations non divulguées lors de la signature du contrat, serait une conséquence du 11 septembre 2001. Cette hypothèse pourrait offrir un cadre de référence pour comprendre la discrimination des compagnies d'assurance envers les personnes avec un casier judiciaire et les membres de leur famille. Nous voulons, dans la mesure du possible, vérifier si elle est plausible. Pour ce faire, nous allons présenter des données générales sur l'industrie de l'assurance multirisques.

## L'industrie de l'assurance

L'industrie canadienne de l'assurance générale se divise en deux catégories principales : l'assurance des personnes (que nous n'aborderons pas) et l'assurance multirisques (automobiles, biens et responsabilité civile). Il est à noter que des sociétés d'État offrent également de l'assurance multirisques. Elles sont surtout actives dans le domaine de l'assurance automobile et sont présentes en Colombie-Britannique, au Manitoba, en Saskatchewan et au Québec (Société d'assurance automobile du Québec [SAAQ]). Leur part du marché de l'assurance automobile a diminué au cours des années. Elle a été ramenée de 32 % en 1997 à 27,7 % en 2000 et à 26,6 % en 2001 (Canada, 1999, 2001 et 2003). Dans une autre catégorie d'assureurs, nous retrouvons les assureurs captifs. Ces entreprises appartiennent habituellement à des sociétés non actives dans l'industrie de l'assurance et reprennent, en tout ou en partie, les polices d'assurance de leurs propriétaires. Nous ne traiterons pas de ce type d'assureurs.

Nous allons nous concentrer sur les assurances multirisques privées, étant donné que les questions que nous entendons soulever relèvent essentiellement de ce genre d'assurance. Considérer l'assurance multirisques comme une industrie est tout à fait acceptable étant donné son importance dans l'économie générale : environ 3 % de l'actif total du système financier, soit quelque 43 milliards en 1996 (Coopers et Lybrand, 1998). En 2004, ces actifs étaient de l'ordre de 99 milliards (BAC, 2005c).

Il est à noter que les années 1980 ont été une période de consolidation. Ainsi en 1980, les 26 premiers assureurs en importance percevaient 50 % des primes nettes. En 1997, ils n'étaient plus que 10 à occuper la moitié du marché (Canada, 1999). En 1997, il y avait 230 assureurs actifs au Canada. Leur nombre est demeuré relativement stable, mais leur revenu en primes n'a cessé de croître. En 2004, ils n'étaient plus que 213, selon le BAC (2005). En 2001, l'assurance multirisques a généré des primes nettes de plus de 21 milliards de dollars. En 1997, elles étaient de l'ordre de 18 milliards de dollars, en 2000 elles étaient de 20 milliards, et en 2004 de 33 milliards (Canada, 2003, 2001 et 1999 ; BAC, 2005c).

En ce qui concerne les emplois, en 2003, ils sont évalués à plus de 100 000 dans l'assurance multirisques (emplois directs dans les compagnies [40 000], courtiers indépendants, experts en sinistres et actuaires). Dans l'assurance des personnes, il y a quelque 118 000 employés canadiens dont la moitié occupent des postes à temps plein en entreprise, les autres étant des agents indépendants (Canada, 2005).

## Rentabilité et investissement

Les activités des assureurs multirisques consistent essentiellement dans la souscription (primes) et les placements. La souscription, comme dans plusieurs autres pays occidentaux, est caractérisée par le fait que les primes versées chaque année pour des polices ne produisent pas des revenus suffisants pour couvrir les sinistres à régler et les dépenses de fonctionnement des compagnies (salaires, etc.). Le déficit est qualifié de « perte technique » parce qu'il est en général largement compensé par les revenus de placement générés par l'actif de l'industrie. Les pertes techniques ont diminué de 1993 à 1997. Elles varient d'une année à l'autre, mais en 2003 et 2004 les primes ont été plus élevées que les sommes versées pour les sinistres mettant ainsi fin aux pertes techniques et inaugurant une ère nouvelle.

Les bénéfices dépassaient le milliard de dollars en 2000, soit à peu près la même chose qu'en 1998. Par contre en 2001, ils ont diminué de moitié (Canada, 2003). Il est à noter que les chiffres présentés par Hodgson et Brakel (2004) sont inférieurs à ceux du gouvernement du Canada.

Comme dans d'autres pays, et plus particulièrement aux États-Unis, l'industrie canadienne des assurances multirisques est cyclique (Canada, 2003 ; Hodgson et Brakel, 2004 ; Haggart, 2004). Dans leur présentation, Hodgson et Brakel (2004) montrent clairement qu'aux États-Unis, depuis plus de 40 ans, «il y a à tous les 10 ans environ une crise des assurances qui produit ce que l'on appelle le « cycle des assurances» » (p. 1). Ainsi, en 1975, 1985, 1992 et 2001 la rentabilité des compagnies était au plus bas. Ce cycle est en partie la conséquence du «comportement des assureurs en tant qu'investisseurs» (p. 2). Ce qui n'empêche pas ces auteurs de conclure que 2003 marque un retour à une forte rentabilité (p. 6). Le rendement moyen des capitaux propres a été de 10,2 % entre 1993 et 1998. Il a été de 8,6 % entre 1995 et 2001. Cette chute s'explique par les soubresauts de la Bourse et les événements de septembre 2001. Selon le Bureau du surintendant des institutions financières (2005), « le rendement moyen des capitaux propres a atteint 19,1 % [en 2004], contre 11,6 % en 2003 et seulement 1,4 % en 2002 » (p. 30). En 2005, ce rendement a été de 17,7 % (BSIF, 2006).

La forte hausse de la rentabilité globale de l'industrie des assurances multirisques est surtout due à de meilleurs résultats de souscription. Le secteur de l'assurance automobile continue d'être celui dont le redressement est le plus marqué. Par suite de réformes opérées par «plusieurs administrations pour réduire les frais de règlement […] [2]» (BSFI, 2005, p. 31). Ce sont probablement ces réformes qui expliquent en partie les bénéfices records liés aux primes perçues en 2004.

Ces meilleurs résultats des souscriptions sont décrits comme des «hausses considérables des primes» (BSFI, 2006, p. 3).

**Tableau 1 a**

Les données relatives à l'industrie de l'assurance multirisques[3]

(1995-2006)

| Année | 95 | 96 | 97 | 98 | 99 | 00 | 01 | 02 | 03 | 04 | 05 | 06 |
|---|---|---|---|---|---|---|---|---|---|---|---|---|
| # de compagnies d'assurance | 246 | | 230 | | | | 230 | | | 213 | | 191 |
| Actif (en milliard de $) | | 43 | | | | | | | 88,3 | 99,3 | | 103 |
| Primes nettes (000 000 $) | 18,0 | 18,6 | 18,6 | 18,6 | 18,7 | 20,2 | 21,2 | 27,5 | 31,4 | 33,3 | 33,9 | |
| Sinistres | 12,8 | 13,2 | 13,2 | 13,8 | 13,5 | 14,8 | 16,2 | 19,5 | 20,4 | 20,2 | 21,6 | |
| *Pertes / Bénéfices* | *0,6* | *0,5* | *0,4* | *1,4* | *1,0* | *1,6* | *2,2* | *1,4* | *0,6* | *3,1* | *2,4* | |
| Primes automobiles | 9,4 | 9,6 | 9,6 | 9,7 | 9,8 | 10,7 | 11,3 | 13,2 | 15,8 | 16,4 | 16,4 | |
| Sinistres automobiles | 7,3 | 7,0 | 7,2 | 7,2 | 7,5 | 7,5 | 9,4 | 10,8 | 12,0 | 11,1 | 10,6 | |
| Revenu de placements | 2,5 | 3,1 | 3,3 | 2,9 | 2,5 | 3,3 | 2,8 | 2,2 | 3,0 | 3,2 | 3,9 | |
| Revenu net des placements | | 2,8 | 3,0 | 2,6 | 2,4 | 3,0 | 2,6 | 2,0 | 2,7 | | | |
| Rendement des capitaux (RCP) en % | | 11,1 | 13,1 | 7,17/ 6,8 | | | | 1,4 | 11,6 | 19,1 | 17,7 | 20,9 |
| Bénéfices nets avant impôt et postes extraordinaires | | 1,8 | 2,2 | 1,2 | 1,1 | 1,2 | 0,6 | 0,5 | 3,1 | | | |
| Impôt sur le revenu | | 0,6 | 0,8 | 0,4 | 0,4 | 0,4 | 0,2 | 0,2 | 1,0 | | | |
| Bénéfice net | | 1,0 | 1,2 | 0,8 | 0,7 | 0,7 | 0,3 | 0,2 | 2,2 | | | |
| | | | | | | | | | | | | |

Sources : BAC, 2005, 2006 (plus ou moins confirmé par le Bureau du surintendant des institutions financières, dans Haggart, 2004, p. 5 ; BSIF, 2003b, 2005, 2007.

Tableau 1 b

Les données relatives à l'industrie de l'assurance multirisques

(1984-1994)

| Année | 84 | 85 | 86 | 87 | 88 | 89 | 90 | 91 | 92 | 93 | 94 |
|---|---|---|---|---|---|---|---|---|---|---|---|
| # de compagnies | | | | | | | | | | | |
| Actif | | | | | | | | | | | |
| Primes nettes | 7,9 | 8,9 | 10,9 | 12,0 | 12,2 | 12,5 | 13,3 | 13,9 | 14,5 | 15,2 | 16,5 |
| Sinistres | 6,1 | 6,9 | 7,5 | 8,5 | 9,1 | 9,7 | 10,2 | 10,7 | 11,2 | 11,5 | 12,0 |
| Dépenses | | | | | | | | | | | |
| *Pertes* | *0,8* | *1,1* | *0,5* | *0,5* | *0,8* | *1,4* | *1,2* | *1,4* | *1,4* | *1,4* | *1,0* |
| Primes automobiles | 3,8 | 4,2 | 5,2 | 5,7 | 5,9 | 6,3 | 7,1 | 7,5 | 7,8 | 8,2 | 8,7 |
| Sinistres automobiles | 2,2 | 3,8 | 4,2 | 4,8 | 5,3 | 5,7 | 6,0 | 5,8 | 6,1 | 6,4 | 6,9 |
| Revenu de placements | 1,2 | 1,3 | 1,5 | 1,7 | 1,9 | 2,3 | 2,4 | 2,5 | 2,5 | 2,7 | 2,1 |
| | | | | | | | | | | | |

Source : BAC.

## Le système de rémunération des agents d'assurance

Dans le domaine des assurances, on distingue la rémunération avec commission et la rémunération sans commission. La rémunération avec commission est sans doute la plus fréquente. Nous avons contacté un ex-agent d'assurance travaillant à la commission. La compagnie dont il est membre offre un salaire de base la première année seulement. Les ventes obtenues la première année sont le salaire de l'année suivante, et ainsi de suite. Le pourcentage accordé à l'employé sur ses ventes augmente toutes les années, allant de 60 % à 115 %. Si la police d'assurance est annulée avant le renouvellement, la compagnie réclame la somme versée à l'employé pour cette police. Le salaire de l'employé varie donc selon ses ventes et le nombre d'années de service. Les compagnies offrant un salaire régulier s'y prennent autrement pour motiver leurs employés. En effet, elles offrent des primes de rendement aux employés performants. La performance est évaluée selon plusieurs critères : le nombre de ventes, le montant de la prime d'assurance, la rapidité de la vente, le nombre d'extras vendus au client, etc. La performance de l'employé est comparée à celle des autres agents d'assurance de la compagnie, et sa prime de rendement est ensuite fixée. Cette évaluation peut se faire une ou deux fois par année et le montant de la prime varie entre 500 $ et 2000 $. Des concours sont aussi organisés pour stimuler la vente d'un produit déterminé. La personne ou l'équipe qui vend le plus de produits gagne un prix (voyage, appareil audio-visuel, billet de spectacle, etc.). Les résultats des ventes sont parfois affichés de façon que tous les employés puissent connaître le nombre de ventes de leurs collègues.

Les deux types de rémunération ont pour objectif de stimuler les ventes. Bien que certaines compagnies disent ne pas payer leurs employés à la commission, la pression exercée sur eux pour vendre des produits d'assurances est la même, et la performance est aussi importante dans les deux façons de fonctionner.

## La fraude et les fraudeurs

Les compagnies d'assurance déclarent régulièrement que la fraude à l'assurance est considérable et pernicieuse. Vu qu'elles considèrent le casier judiciaire comme un facteur de risque de fraude, nous arrêterons notre attention sur l'ampleur de la fraude et les caractéristiques des fraudeurs.

La fraude

Des compagnies d'assurance ainsi que des entreprises spécialisées dans la recherche sur le crime ont mené des études en vue de connaître les méthodes utilisés par les fraudeurs et de réduire la fraude. Puisque certaines informations recueillies semblent montrer que l'excuse invoquée par les compagnies pour écarter les individus avec un casier judiciaire est le risque de fraude, il est nécessaire d'examiner les résultats de ces études et de discuter de leur pertinence.

Dans une étude effectuée en 2001, le BAC (2001b) a mis en évidence qu'environ 26 % des réclamations pour des blessures corporelles contiennent des éléments de fraude. Malheureusement, il ne nous a pas été possible de prendre connaissance de cette étude.

Dans un document publié par la compagnie québécoise CGI (2004), on apprend que, selon le «National Insurance Crime Bureau, la fraude à l'assurance occupe le deuxième rang des crimes économiques aux États-Unis, précédée seulement de la fraude fiscale» (p. 3).

Royal Sun Alliance (2002) estime, dans un dépliant daté de 2002, que la fraude représente «10 % du règlement total des réclamations». Fournier (2003) note qu'*«on ne dispose pas de statistiques* fiables sur la fraude à l'assurance» (p. 6). Malgré tout, il reprend cette évaluation dans son étude sur la fraude à l'assurance en Suisse. C'est d'ailleurs l'estimation faite par la Chambre de commerce des États-Unis vers 1990 (Clarke, 1992, p. 49). Pour Clarke (1992), ces estimations «résultent invariablement d'évaluations et non de la compilation de statistiques vérifiables et que, d'autre part, il s'agit d'agrégats dont les éléments proviennent de sources variées, elles-mêmes des estimations, et qu'ils englobent une gamme de différents types d'assurances» (p. 49).

Selon Fortin (1992), au début des années 1990 «au Canada, aucune donnée n'existe sur cette question» (p. 19).

Le directeur de l'Agence pour la lutte contre la fraude à l'assurance (Alfa), Bernard Foussat, déclarait en 2006 : «Tenter de vouloir chiffrer le nombre de fraudes à l'assurance et leur répercussion financière relève davantage de la boule de cristal que de la méthode statistique» (Fédération française des sociétés d'assurance, 2006, p. 2). Cette déclaration confirme les analyses de Voute (1988), Fortin (1992) et Bacher (1995b) et soulève le manque de sérieux des affirmations des compagnies d'assurance. D'ailleurs, l'Union professionnelle des entreprises d'assurances de Belgique note que «dans le domaine de l'assurance, il n'est pas possible non plus de chiffrer de manière précise le nombre de cas ou les montants en jeu » (Assuralia, 1998, p. 77).

Nous avons relevé des preuves de ce manque de sérieux et d'objectivité des données sur la fraude dans les communiqués émis par le BAC.

Dans un communiqué du 21 décembre 1999, le BAC précisait qu'«au Canada, on compile des statistiques précises sur ces arnaqueurs depuis la création du Service anti-crime des assureurs et de son équipe d'enquêteurs experts, il y a 76 ans» (BAC, 1999). Si tel était le cas, nous pourrions sûrement voir des fluctuations dans les données recueillies chaque année. Il semble pourtant que les pertes liées à la fraude demeurent « plus que stables ». Pourtant, comme nous le verrons dans le chapitre portant sur la jurisprudence, aucune étude actuarielle ou statistique n'a été présentée devant les tribunaux soit avant, soit après 1999.

Dans un communiqué en date du 18 décembre 1997, le BAC affirmait que «la fraude à l'assurance n'a rien de réjouissant, compte tenu que ce crime a imposé des déboursés de 1,3 milliard $ en réclamations frauduleuses, dans l'année écoulée» (BAC, 1997).

Dans un communiqué daté du 19 décembre 2000, le BAC indiquait que «la fraude à l'assurance n'a rien de réjouissant. Après tout, elle a coûté 1,3 milliard $ aux assurés honnêtes dans l'année qui s'achève» (BAC, 2000; CCCFA, 2000).

Dans un communiqué daté du 18 décembre 2001, le BAC signalait que «la fraude à l'assurance entraîne à chaque année des coûts de 1,3 milliard $ qui sont à la charge des assurés canadiens» (BAC, 2001a).

En 2002, la Coalition canadienne contre la fraude à l'assurance mentionnait dans un communiqué annuel: «[La] fraude à l'assurance fait encourir des déboursés de plus d'un milliard $ par année aux assurés canadiens» (CCCFA, 2002).

Dans un communiqué daté du 17 décembre 2003, le BAC affirmait que «la fraude à l'assurance n'est pas un sujet réjouissant. Elle coûte après tout 1,3 milliard de dollars chaque année aux titulaires de police canadiens» (BAC, 2003).

Ces propos répétitifs ne font que confirmer le problème de la validité des études sur la fraude effectuées par les compagnies d'assurance.

Depuis quelques années, il semble que la fraude à l'assurance aurait considérablement augmenté. Le BAC (2005a et b) indique que, «selon des estimations prudentes, le crime d'assurance coûte aux assureurs canadiens et à leurs titulaires de police environ trois milliards de dollars par année».

En 2004, le BAC (2004d) estimait que les coûts de la fraude à l'assurance avaient atteint 3,28 milliards de dollars en 2003.

Selon André Beauchamp, directeur du département du vol de véhicules du BAC (BAC, 2007a et b), «au Canada, les activités des malfaiteurs coûtent aux titulaires de police honnêtes environ 3 milliards de dollars par année» ; «la fraude à l'assurance est une affaire de gros sous», affirme Rick Dubin, vice-président aux Enquêtes du BAC. «Il s'agit d'un crime lucratif et peu risqué qui coûte environ trois milliards de dollars par année aux Canadiens.»

Maintenant, il ne s'agit plus de 1,3 milliard mais de trois. Rien ne permet d'expliquer cette importante augmentation. D'ailleurs sur le site du BAC[1], à l'article «L'assurance mot à mot», au mot «fraude», on indique que celle-ci s'élève annuellement à environ 1,3 milliard de dollars. Est-elle de 1,3 milliard ou de 3 milliards ?

Les fraudeurs

Les études sur les fraudeurs à l'assurance se font rares et la plupart des analyses disponibles ont été produites par des instances assurantielles ou très proches des compagnies d'assurance. Il est exceptionnel qu'elles émanent de chercheurs autonomes.

Dans le cadre d'une étude menée auprès des enquêteurs et experts en sinistres de compagnies d'assurance, Tremblay, Massé et Clermont (1992) notaient que «nous ne disposons pas d'analyse solide des fraudeurs à l'assurance» (p. 142), contredisant ainsi le BAC sur ses prétentions concernant l'existence de statistiques précises sur les fraudeurs (BAC, 1999).

L'Union professionnelle des entreprises d'assurances de Belgique rapporte que «les études qui ont été menées en Suisse (Université de Fribourg) et en Allemagne (Focus-Magazine) sur le profil du fraudeur à l'assurance révèlent que la fraude à l'assurance est plus fréquente chez les hommes que chez les femmes. De même, les gens ayant une formation supérieure ou un salaire élevé sont proportionnellement plus nombreux à commettre une fraude que ceux de condition plus modeste» (Assuralia, 1998, p. 41).

L'enquête de Pricewaterhouse Coopers (2005a et b) sur la fraude dans les entreprises en France, en Europe et dans le monde confirme les constatations faites en 2003 (a et b) relativement au phénomène de la fraude dans les entreprises du secteur financier, y compris les banques et l'assurance. Selon cette enquête qui met l'accent sur le profil des fraudeurs, il s'avère qu'en «France 47 % des fraudeurs sont des salariés [de l'entreprise victime] dont 20 % appartiennent au top management» (2005a, p. 8). Pour ce qui est de l'ensemble du monde, les données font valoir qu'il y a seulement 30 % des fraudeurs qui sont des clients et que 50 % sont des employés (PricewaterhouseCoopers, 2005b).

Faisant référence à la fraude à l'assurance, le BAC note que «ce genre d'escroquerie ne se produit pas dans les rues des villes canadiennes. Plutôt, on la détecte dans les centres de réparation d'automobile, les cliniques médicales, les bureaux d'avocats et même dans la maison du voisin. Parfois, ce sont les criminels au col blanc qui agissent ainsi, y compris les médecins et les avocats» (BAC, s. d.).

Selon la Coalition canadienne contre la fraude à l'assurance (2003), 33,6 % des réclamations d'indemnités d'accident et 25,6 % des réclamations relatives à des préjudices corporels comptaient «un certain élément de fraude» (BAC, 2004, p. 4).

Le BAC (2004) note que dans ce type de fraude sont impliqués, entre autres, des techniciens juridiques ou des avocats, des médecins et d'autres membres du personnel des cliniques médicales. Dionne, Gibbens et St-Michel (1992) notent qu'«il s'avère très difficile pour l'assuré type de frauder seul un assureur. Le consommateur, le travailleur ou l'accidenté qui veut obtenir des compensations de nature frauduleuse a généralement besoin d'un complice» (p. 81/97).

CGI (2004) souligne qu'il est difficile d'établir des catégories de fraudeurs. En effet, «leur profil type correspond étroitement à celui des honnêtes citoyens» (p. 4). Il est à noter que les détenteurs d'un casier judiciaire ne sont même pas mentionnés.

Comme le mentionne la Coalition canadienne contre la fraude à l'assurance (s. d.), le BAC vient en aide aux compagnies d'assurance par le truchement du Service anti-crime des assureurs (SACA)[4], «un organisme éminent et efficace pour la coordination de la lutte contre la fraude» (Clarke, 1992, p. 63). Ainsi, le SACA, conjointement avec l'industrie, décèle les réclamations douteuses et lutte contre la fraude. Par conséquent, il y a un partage des données concernant les sinistres douteux, les fraudes potentielles et évidemment les fraudes avérées. Ainsi, le «SACA s'est de plus en plus développé en réaction au risque accru de fraude à l'assurance et a essayé de se tenir au fait de la situation à mesure qu'elle évoluait et de communiquer avec les compagnies d'assurance pour les avertir de cette évolution» (Clarke, 1992, p. 64). En dépit de cette longue expertise, il faut constater que «les assureurs ne disposent pas de chiffres précis» (Bacher, 1995b, p. 186).

Ainsi, avec l'ensemble de ces données accumulées depuis au moins 20 ans, il devrait être possible de déterminer si le casier judiciaire est un facteur de risque. Il semble que ce ne soit pas le cas puisque le SACA n'a jamais fait d'analyse allant dans ce sens. D'ailleurs Jean Dépôt, souscripteur en assurance des particuliers de la compagnie d'assurance CGU, affirme qu'aucune statistique n'est utilisée : «[L]es probabilités sont beaucoup plus élevées lorsque quelqu'un a un dossier criminel, mais je n'ai pas de chiffre à vous donner, j'ai pas de pourcentage à vous donner[5]». Son témoignage réfute les affirmations du BAC selon lesquelles des statistiques précises existent.

Dans une étude sur la situation en Suisse, Fournier (2003) a tenté d'établir s'il était possible d'établir un profil type du fraudeur à l'assurance. Pour ce faire, il a eu accès au fichier ZIS, le fichier d'information centralisé dont l'exploitation est confiée, depuis 1998, au délégué antifraude de l'Association suisse des assurances. Son analyse prend en compte 125 « aspects » répartis dans 15 sous-groupes extraits des informations du fichier ZIS, concernant la compagnie Vaudoise assurances. Ainsi, sur une période de dix ans (1993 à 2002), il a pu recenser 3856 personnes physiques (2870 hommes et 721 femmes) ou morales (265 sociétés) en relation avec 4118 cas d'assurance automobile, de choses (biens), de responsabilité civile, de personnes et, enfin, de commerce et de transport.

Dans la conclusion de son étude, Fournier affirme que «les fraudeurs ne portent pas de signe distinctif» et que «rien ne les différencie des autres personnes» (p. 31). Il n'a pas établi de lien entre le casier judiciaire et la fraude à l'assurance. C'est ce qui explique que les compagnies d'assurance n'ont jamais démontré, par le *dépôt de statistiques* relatives aux condamnations, que celles-ci «augmentaient le risque assurable[6]».

## L'impact du 11 septembre 2001

Comme nous l'avons mentionné plus haut, des agents et des courtiers en assurance nous ont déclaré en 2003 que les compagnies d'assurance avaient modifié leurs critères et prenaient de plus en plus systématiquement en compte la question du casier judiciaire.

*Les événements du 11 septembre 2001 ont eu un impact net sur les marchés mondiaux des assurances multirisques et de la réassurance. La modification du niveau des primes, ainsi que du type et de l'ampleur des risques que les réassureurs sont disposés à accepter, ont eu des répercussions sur les sociétés d'assurance à l'échelle mondiale, y compris sur les sociétés canadiennes d'assurances multirisques. Combiné au faible rendement des placements attribuables à des taux d'intérêt bas et à la faiblesse des marchés boursiers, cet impact a fait bondir les primes au cours des dernières années, ce qui a entraîné une modification des protections d'assurance.* (Canada, 2003, p. 8)

Voilà le constat du ministère des finances du Canada.

Jorion (2002) note que, à la suite des événements du 11 septembre 2001, l'industrie de l'assurance n'a pas été affectée de la même manière que les compagnies aériennes et les entreprises de tourisme. *«D'un côté, cette industrie a dû essuyer directement des pertes. D'un autre* côté, on a assisté à une demande accrue d'assurance» (p. 9).

En 2002, Royal & Sunalliance expliquait que, à la suite du 11 septembre, les primes allaient augmenter, que la couverture des risques allait diminuer et que les franchises allaient augmenter. Ce qui a été confirmé par Hodgson et Brakel (2004), qui remarquent «l'utilisation plus importante de franchises plus élevées, de couvertures réduites et d'*exclusion des polices*[7]» (p. 2).

Hodgson et Brakel (2004) soulignent que la situation relative aux rendements sur les placements qui a prévalu en 2001 est la conséquence «de la chute des taux d'intérêt et de l'effondrement boursier de 2000 qui a englouti des gains de capital escomptés sur les actions». Malgré tout, «le bénéfice net de l'industrie est resté positif en 2002 et en 2003», quoiqu'il ait été moins élevé que les années précédentes (p. 5), comme le confirme le tableau 1.

D'ailleurs, Michel-Kerjan (2005) signale que «le cours des actions des compagnies d'assurance (est) revenu au niveau pré-11 septembre très rapidement, voire l'ait dépassé» (p. 25). Donc, il est faux de prétendre que les compagnies d'assurance aient été dans une situation très critique à partir de 2002.

Le tableau 2 présente les 139 décisions qui sont relatives au casier judiciaire et à des compagnies d'assurance multirisques, et qui ont été rapportées dans les revues spécialisées jusqu'en 2000 environ et sur le site des jugements du Québec par la suite. Il importe de mentionner qu'il ne contient pas toutes les décisions qui ont été publiées jusqu'en 2000, contrairement à ce qui prévaut depuis. Par conséquent les chiffres présentés doivent être nuancés, mais il est clair que l'augmentation du nombre de décisions est nettement plus élevée de 2002 à 2005 et que cela correspond aux affirmations des courtiers en assurance et aux textes que nous avons cités.

La décroissance qui semble s'être amorcée en 2006 peut sans doute s'expliquer en partie par la publicité entourant les pratiques des compagnies d'assurance et la décision de la Cour d'appel du Québec du 8 février 2005 qui a remis en question la pratique consistant à ne pas poser de questions au sujet du casier judiciaire.

**Tableau 2**

Le nombre de décisions jurisprudentielles par année
( de 1985 au 16 mai 2008)

| Année | 85 | 87 | 89 | 92 | 95 | 96 | 97 | 98 | 99 | 00 | 01 | 02 | 03 | 04 | 05 | 06 | 07 | 08 |
|---|---|---|---|---|---|---|---|---|---|---|---|---|---|---|---|---|---|---|
| Nombre de décisions | 1 | 3 | 1 | 3 | 2 | 2 | 2 | 5 | 5 | 4 | 7 | 17 | 19 | 29 | 20 | 12 | 5 | 2 |

[1] Un tel portrait est très difficile à dresser parce que les données du gouvernement du Canada, du BSIF, du BAC et d'autres sources ne sont pas colligées et présentées selon les mêmes concepts, critères et objets. De plus, les données ne sont pas récurrentes d'une année à l'autre, ce qui rend difficile la constitution de tableaux complets. Nous avons contacté d'éminents professeurs d'universités québécoises, mais malheureusement aucun d'entre eux n'a daigné répondre à nos demandes, ne serait-ce que par un accusé de réception.

[2] Nous soulignons.

[3] Il est à noter que les données ne sont pas toujours concordantes d'une source à l'autre, particulièrement entre le BAC et le BSIF. Ceci s'explique probablement par le fait que le BAC prend en compte des compagnies dont le champ d'activités ne concerne qu'une province ou un territoire et par conséquent ne relève pas de la responsabilité du BSIF.

[4] Consulté le 17 janvier 2008.

[5] Le SACA est une société sans but lucratif qui existe depuis 1923 et exerce ses activités partout au Canada.

[6] Wawanesa c. GMAC (2), 8 février 2005, paragraphe 16.

[7] (21) Denis c. La Compagnie mutuelle d'assurance Wawanesa, juillet 2003.

[8] Nous soulignons.

# Chapitre 4

# La notion de risque

*Si l'assureur attache de l'importance à un fait,*
*à une circonstance, qu'il considère essentiels,*
*il doit en faire part à son futur client*
*et provoquer une réponse directe à la question.*
*Ce n'est que lorsque le futur client aura été mis au courant*
*de ce que l'assureur considère comme essentiel qu'il pourra y répondre et,*
*si sa réponse est erronée,*
*il pourra alors être accusé de fausses représentations*
*ou de réticence.*

Juge Rinfret (1964)

La notion de risque est utilisée par les compagnies d'assurance pour déterminer si elles assureront ou non un individu et pour fixer le montant des primes. Bien qu'intimement liée au concept de fraude, la notion de risque est beaucoup plus complexe. Dans ce chapitre, nous définirons ce concept et ses implications dans l'administration des assurances.

## Définition du risque

Selon Rey (1992), dès 1690, le mot risque «a été repris en droit pour désigner l'éventualité d'un événement futur, soit incertain, soit d'un terme [période de temps] indéterminé qui causera un dommage». Toujours selon Rey, «il s'emploie spécialement en termes d'assurances» depuis 1842 (p. 1813).

En matière d'assurance, «pour qu'un événement soit un risque, il faut que l'on puisse en évaluer la probabilité» et «ce n'est que sur l'étendue d'une population que le risque devient calculable» (Ewald, 1986, p. 175 et 176).

La notion de risque est très complexe et surtout liée à des intérêts de tout ordre. Si l'on se réfère à la définition du *Dictionnaire historique de la langue française*, le risque est «un danger, un inconvénient plus ou moins prévisible» (Rey, 1992, p. 1813). On voit donc qu'il y a matière à interprétation. En effet, le concept de danger est mesuré en fonction de plusieurs critères qui tiennent aux expériences antérieures et aux objectifs que l'on veut atteindre. Ainsi, le danger associé à la conduite automobile dépend, entre autres, de l'expérience du conducteur, de l'état de la voiture, de l'état de la route, des conditions météorologiques, etc. Le risque sera par conséquent variable. En matière de santé personnelle, l'évaluation du risque est encore plus subjective. Il suffit de se référer aux études sur les comportements à risque liés aux tabagisme (cancer) et aux pratiques sexuelles (VIH/sida), par exemple.

L'analyse du risque est également susceptible d'être menée en fonction des intérêts de celui qui l'effectue. Ainsi, dans une course automobile, un conducteur peut minimiser le risque d'une certaine conduite afin de terminer au premier rang. Celui qui consomme de l'alcool peut en faire autant au moment de prendre le volant. Un directeur de chantier peut également minimiser le risque lors de la mise en place des mesures de sécurité. Un général peut estimer un assaut réalisable dans la perspective de vaincre un ennemi. Un gouvernement peut sous-estimer la réaction publique à l'application d'une politique qui correspond à son programme.

Le Garrec (2004) montre très bien combien ce concept est tributaire, entre autres, des contingences de celui qui mesure le risque, des savoirs disponibles, sans compter les modes sociales qui peuvent prévaloir, l'impact des groupes d'influence et le traitement des informations par les médias. Ainsi, l'évaluation du risque et l'exploitation de la notion de risque ne sont pas exemptes de partialité.

À la notion de risque, nous pouvons rattacher également la notion d'incertitude. En effet, dans une certaine mesure, la notion de risque est associée au fait qu'il est possible d'établir avec plus ou moins d'exactitude ses probabilités de réalisation, tandis que la notion d'incertitude se réfère au fait qu'il est difficile, voire impossible, de préciser l'impact des situations dites à risques parce qu'en réalité nous avons à faire à des « risques non spécifiés » (Szpirglas, 2006).

Comme le souligne Raynaud (1989), « l'incertitude détruit la possibilité d'agir à partir d'une connaissance scientifique, rationnelle du monde. Il ne subsiste plus, comme critère d'action, que les catégories d'opinions, de conviction et de jugement » (p. 170).

C'est dans cette perspective que nous devons considérer l'attitude des compagnies d'assurance à l'égard du casier judiciaire.

> *Il y a donc une appréhension du risque différenciée selon les catégorisations sociales par lesquelles les individus sont déterminés diversement. Outre les questions liées aux définitions des termes usités, on peut donc s'interroger, à juste titre, sur le traitement « égalitaire » des variables proposées et des populations désignées.* (Le Garrec, 2004, p. 7/284)

## Le risque moral

Un des aspects de l'assurance concerne l'information dont chacune des parties dispose tant avant qu'après la signature d'un contrat. L'assuré est à même de fournir une certaine quantité d'informations qui permettront à l'assureur d'évaluer le risque selon des critères déterminés. En effet, les différentes compagnies d'assurance sont prêtes à prendre des risques sur des bases différentes pour soutenir la concurrence. Ainsi, l'assureur possède lui aussi une certaine quantité d'informations.

Malgré l'importance que semblent accorder certains assureurs aux notions de risque moral et de sélection adverse, il apparaît que «l'étude des marchés d'assurance dans un contexte de sélection adverse et d'aléa moral ne fait pas l'objet d'une littérature abondante» (Fagart et Kambia-Chopin, 2003, p. 2). Doit-on s'en étonner ? Nous ne répondrons pas à cette question, mais nous formulerons l'hypothèse suivante : comme l'industrie entretient des rapports de force avec l'État dans le contexte d'une réglementation, il y a peut-être intérêt à ce que ces notions ne soient pas trop mises en évidence.

Il est un aspect qui doit demeurer présent dans l'analyse : «l'industrie de l'assurance fonctionne sur la base de contrat. Cette notion de contrat peut se définir comme suit : un contrat est un accord par lequel des agents économiques se créent des obligations mutuelles qui bornent leurs interactions afin de les maîtriser» (Brousseau, 1995/2000, p. 1).

Pour s'assurer que les parties prenantes au contrat respectent leurs obligations et leurs engagements, il est nécessaire que les uns et les autres soient clairement informés des peines encourues en cas de non-respect des règles établies (Brousseau, 1993). Les assurés savent ou sont présumés savoir que s'ils tentent de tromper ou trompent leur assureur, ils verront leur contrat résilié sans indemnité. Mais en ce qui concerne les assureurs, il n'y a rien de tel qui soit clairement établi. Les personnes qui estiment être lésées doivent s'adresser aux tribunaux et elles n'en ont pas nécessairement les moyens. Nous nous trouvons donc devant un cas de déséquilibre des moyens.

Lorsqu'il y a un déséquilibre dans la répartition de l'information, «on parle d'asymétrie de l'information. Il s'agit d'un problème important dans le monde de l'assurance [...] Ce problème d'asymétrie d'information est connu sous le nom de risque moral» lorsqu'il concerne l'assuré (Raynaud et Stringer, 2006, p. 16.11 et 16.12). Elle porte le nom de sélection adverse ou d'antisélection lorsque c'est l'assureur qui est en cause (Picard, 2000; Fagart et Kambia-Chopin, 2003).

Il y a plusieurs définitions de risque moral et elles varient selon les organismes.

Selon la Société d'assurance-dépôts du Canada (s.d.), par «risque moral» on entend la tentation pour un organisme de prendre des risques plus grands parce qu'il bénéfice d'une assurance-dépôts ou d'un autre type d'assurance.

Selon les assurances Federated (s. d.), le risque moral est un risque découlant davantage de l'attitude mentale de l'assuré que de la nature du risque. Ce type de risque englobe les situations où les probabilités liées à un risque augmentent en raison de la négligence, de l'incompétence, de l'insouciance, de l'indifférence de l'assuré à l'égard des pertes qu'il pourrait occasionner.

La définition donnée sur le site Internet de Théorie Finance (2005) se lit ainsi : «Il [l'aléa moral] désigne la tendance des assurés à modifier leur comportement de telle manière qu'ils doivent recourir plus fréquemment aux prestations offertes par la compagnie d'assurance.»

Selon ce même site, le risque moral «est donc un problème d'information. Ce sont les difficultés et les coûts de détection et de contrôle du comportement approprié qui génèrent le problème de l'aléa moral.»

Pour Brousseau (1995/2000), le risque moral est un concept qui s'applique également aux entreprises puisqu'elles peuvent éventuellement disposer d'un avantage informationnel sur une variable endogène qu'elles maîtrisent. Rosenwald (200?) confirme ce constat : «[L]'assureur, grâce à des méthodes statistiques, connaît infiniment mieux l'espérance de risque que l'assuré.»

Bujold, Dionne et Gagné (1997) incluent la fraude comme faisant partit du risque moral. En effet, selon eux, il existe deux types de risque moral :

i) l'incitation à ne pas produire le niveau optimal de prévention pour éviter le sinistre;
ii) l'incitation à exagérer le montant d'une réclamation une fois que le sinistre a eu lieu (p. 3).

Si le premier type se réfère aux définitions mentionnées précédemment, le deuxième y ajoute une autre dimension. Dans le cas où le sinistre est provoqué intentionnellement, les auteurs classent ce type de fraude dans la première catégorie :

> L'incitation à la provocation du sinistre serait donc un risque moral du premier type… poussé à l'extrême. Autrement dit, l'incitation à provoquer le sinistre pourrait être vue comme un niveau de prudence négatif. (P. 4)

Non seulement ces auteurs agrandissent le champ du risque moral, mais également ils étendent la notion d'incitation intégrante à ce type de risque. Selon les définitions précédentes, le simple fait d'être assuré entraînerait une attitude de négligence de la part du bénéficiaire. Cependant, il existerait d'autres sources d'incitation telles que des caractéristiques propres aux individus comme la situation financière ou la générosité des assureurs qui offrent un montant de réclamation supérieur à la valeur réelle des biens (Bujold, Dionne et Gagné, 1997).

Comme le mentionne Henriet (2003), le risque moral peut être défini comme «l'incertitude sur le comportement du prestataire», mais on peut également considérer comme un risque moral certains «comportements plus ou moins légitimes de manageurs» (p. 3).

C'est dans cette perspective qu'il faut comprendre le commentaire de Jean-Guy Bergeron (1992) : «si le point de référence est l'assureur, il doit savoir que le preneur ou l'assuré ont besoin d'être guidés et qu'il lui appartient de prendre les moyens raisonnables pour cueillir l'information qui lui est nécessaire. Comment peut-on accepter que l'assureur établisse des contrats qu'il peut soupçonner à l'avance d'être minés ?» (p. 227-228).

D'ailleurs le juge Rinfret de la Cour d'appel du Québec, estimait déjà en 1964, que «si l'assureur attache de l'importance à un fait, à une circonstance, qu'il considère essentiel, il doit en faire part à son futur client et provoquer une réponse directe à la question. Ce n'est que lorsque le futur client aura été mis au courant de ce que l'assureur considère comme essentiel qu'il pourra y répondre et, si sa réponse est erronée, il pourra alors être accusé de fausses représentations ou de réticences[1].»

C'est dans cet esprit que le juge Allard estimait dans un jugement récent qu'«il faut qu'il y ait une véritable demande pour qu'il y ait réponse. C'est la réponse qui constitue la déclaration recherchée par l'assureur pour juger s'il accepte ou non la proposition. Comment le proposant peut-il le faire si les questions ne sont pas de nature à provoquer le dévoilement de situations que l'assureur juge importantes. Le contrat d'assurance est un contrat synallagmatique, chaque partie doit jouer franc jeu[2].»

Dans un jugement de 2006, le juge André Denis pose le problème très clairement en ces termes dans le cadre d'une procédure spécifique : «[S]i l'industrie de l'assurance ne veut pas assurer les résidences de toutes les personnes dont les adolescents font pousser quelques plants de cannabis au jardin, qu'elle le dise clairement et qu'elle prévoie une question claire en ce sens à chaque renouvellement. Les choses seront alors claires et les assurés vivront avec les conséquences de leurs actes[3].» On peut dire également que les compagnies d'assurance vivront avec leur prise de position et les conséquences économiques qui en découleront, tout comme le gouvernement du Québec.

> Depuis toujours, on a privilégié le principe voulant que le preneur (assuré) ait la responsabilité de déclarer le risque. Des raisons historiques le justifiaient, puisqu'au 17e siècle, la seule source de renseignements constituait le preneur lui-même. Il n'est donc pas étonnant, qu'à cette époque, au nom d'une certaine inégalité de connaissance entre les parties, l'assureur était considéré en état d'infériorité. Cette perspective ne reflète plus la réalité contemporaine puisque les assureurs disposent de plusieurs moyens pour apprécier le risque et en cela leur expérience grandissante est un atout indéniable. (Brousseau, 1993, p. 249)

Deslauriers (2003), fait une analyse tout à fait similaire au Québec, à celle de Brousseau (1993) en France, dans ces termes :

> [D]epuis toujours, on a privilégié le principe voulant que le preneur ait la responsabilité de déclarer le risque. Des raisons historiques le justifiaient, puisqu'au XVIIe siècle, la seule source de renseignements constituait le preneur lui-même. Il n'est donc pas étonnant qu'à cette époque, au nom d'une certaine inégalité de connaissance entre les parties, l'assureur était considéré en état d'infériorité. Cette perspective ne reflète plus nécessairement la réalité contemporaine puisque les assureurs disposent de plusieurs moyens pour apprécier le risque et en cela, leur expérience grandissante est un atout indéniable. La règle reste néanmoins la même : c'est au preneur qu'incombe la lourde responsabilité de déclarer le risque. (P. 251)

«La sanction sévère de la nullité prête flanc au risque moral symétrique : l'assureur qui voudrait se soustraire à ses obligations prétextant la moindre inexactitude dans les déclarations de l'assuré. Les règles détaillées du contrat d'assurance visent à contrer ces formes de risque moral aussi bien chez l'assureur que chez l'assuré» (Mackaay, 2000, p. 179). Il faut reconnaître que, malgré cette nécessité de détailler les règles relatives aux contrats, les compagnies d'assurance ne font pas allusion à leur position relative au casier judiciaire.

Il s'avère donc que l'on peut indubitablement alléguer le risque moral que représentent les compagnies d'assurance qui ne posent pas de questions claires et précises à propos du casier judiciaire. C'est d'ailleurs ce que dit en d'autres mots le juge Taschereau lorsqu'il écrit dans un jugement de mars 2006[4] : «[L]a pratique des assureurs en assurance habitation, en vigueur jusqu'à récemment, suivant laquelle ils ne posent pas de question sur les antécédents judiciaires, tout en sachant que les clients ne les dénonçaient pas spontanément, était peut-être conforme au droit traditionnel des assurances. Elle n'est plus conforme au droit depuis l'introduction des changements législatifs de 1994 concernant le *Code civil*.»

## Conclusion

Comme nous l'avons vu, l'évaluation du risque varie non seulement en fonction des connaissances disponibles et des intérêts en jeu, mais aussi selon les préjugés et le statut social.

Quant au risque moral, il est plus aisé de le circonscrire puisqu'il est directement lié, entre autres, à l'information dont dispose un des contractants et qui n'est pas mis à la disposition de l'autre. Par conséquent, le risque moral peut aussi bien venir de l'assuré que de l'assureur, comme nous l'avons montré.

D'ailleurs on ne sait trop que penser lorsque l'on apprend qu'«après l'annulation de la police habitation de la Wawanesa du 23 juillet 2003, le demandeur contracta avec Allstate une police du même type. Aucune question relative à l'usage ou au commerce de drogues. M^e^ Portelance, agissant pour le compte de la Wawanesa, dénoncera à Allstate la poursuite pénale instituée contre B., mais non encore jugée. La résiliation eut lieu par la suite par cet assureur[5].»

[1] *Royal InsuranceCompagny Ltd c. Gauthier 1964 B.R. 861.*

[2] (25) *Langlois c. Compagnie mutuelle d'assurance Wawanesa, C.S., octobre 2004.* Ce commentaire a été repris dans (53) *Chevrier c. La Compagnie d'Assurance Bélair*, C.Q., en avril 2005.

[3] (67) *Desmarais c. Groupe CGU*, paragraphe 278, 16 mars 2006.

[4] (1) *Maltais c. AXA*, 24 mars 2006, paragraphe 85.

[5] (30) *Beauseigle c. La Compagnie mutuelle d'assurance Wawanesa*, paragraphe 61.

# Chapitre 5

# La jurisprudence

*À lire les dépositions de tous ces magnats du monde de l'assurance,*
*à entendre leurs affirmations sur leurs pouvoirs illimités de statuer*
*sur tout ce qui a trait aux réticences et représentations,*
*on ne peut s'empêcher de croire*
*que le contrat d'assurance est devenu un contrat unilatéral,*
*ni de rester songeur*
*devant l'extrême fragilité des droits éventuels de l'assuré.*

Cour d'appel du Québec, 1953

Nous avons fait une recension de la jurisprudence[1] concernant le casier judiciaire et les compagnies d'assurance. Il en ressort que les recours aux tribunaux étaient relativement peu nombreux jusqu'en 2001, date à laquelle ils ont commencé à augmenter fortement pour atteindre un sommet quant au nombre de décisions en 2004. Ils ont commencé à diminuer en 2005, année où la Cour d'appel du Québec a rendu deux décisions cruciales. Ainsi, en 2006 nous avons trouvé 11 décisions, seulement 4 en 2007 et 2 en 2008. Cette recension prend en compte un premier jugement de la Cour d'appel du Québec de 1953, ainsi que quelques décisions (neuf) rendues au cours des années 1980 et 1990 (voir le tableau 3). Dans la bibliographie jurisprudentielle en fin de volume, vous trouverez les 114 jugements qui font l'objet de la présente analyse ainsi que les quelque 25 jurisprudences relevées entre juin 2006 et le 16 mai 2008.

Les tribunaux concernés par la jurisprudence sont les suivants : la Cour des petites créances, la Cour du Québec, la Cour supérieure et la Cour d'appel. La Cour suprême du Canada n'a jamais été saisie de questions concernant directement le casier judiciaire et l'assurance multirisques.

C'est la Cour du Québec qui est la plus fréquemment sollicitée. C'est également le tribunal le plus favorable aux assurés. Vient ensuite la Cour des petites créances. Il faut comprendre que le montant en jeu et la simplicité de ce recours, expliquent en partie du moins, le recours à ce tribunal. Mais, c'est aussi le recours globalement le moins favorable aux assurés. La Cour supérieure se situe entre les deux autres types de tribunaux (voir le tableau 4).

**Tableau 3**

Le nombre de décisions par année (1953-2006)

| Année | Décision en faveur assuré | % | Décision en faveur assureur | % | Décision mitigée | % | Total | % |
|---|---|---|---|---|---|---|---|---|
| 1953 | | | | | | | (1) | |
| 1985 | | | | | | | (1) | |
| 1987 | | | | | | | (3) | |
| 1989 | | | | | | | (1) | |
| 1992 | | | | | | | (1) | |
| 1995 | | | | | | | (1) | |
| 1996 | | | | | | | (2) | |
| 1998 | 1 | 33% | 2 | 67% | 0 | 0% | 3 | 3% |
| 1999 | 2 | 40% | 3 | 60% | 0 | 0% | 5 | 5% |
| 2000 | 2 | 67% | 1 | 33% | 0 | 0% | 3 | 3% |
| 2001 | 0 | 0% | 6 | 100% | 0 | 0% | 6 | 6% |
| 2002 | 3 | 20% | 11 | 73% | 1 | 7% | 15 | 14% |
| 2003 | 9 | 53% | 8 | 47% | 0 | 0% | 17 | 16% |
| 2004 | 8 | 30% | 19 | 70% | 0 | 0% | 27 | 26% |
| 2005 | 9 | 45% | 9 | 45% | 2 | 10% | 20 | 19% |
| 2006 | 2 | 25% | 6 | 75% | 0 | 0% | 8 | 8% |
| Total | 36 | 35% | 65 | 63% | 3 | 3% | 104 (114) | 100% |

Notez l'augmentation du nombre des causes entendues à partir de 2001.

## Tableau 4

Décisions selon les tribunaux sollicités

| Tribunal | Décisions en faveur assuré | % | Décisions en faveur cie assurance | % | Décisions mitigées | % | Total | % |
|---|---|---|---|---|---|---|---|---|
| Petites créances | 7 | 23% | 22 | 73% | 1 | 3% | 30 | 26% |
| Cour du Québec | 22 | 39% | 32 | 56% | 3 | 5% | 57 | 50% |
| Cour supérieure | 7 | 30% | 14 | 61% | 2 | 9% | 23 | 20% |
| Cour d'appel | 3 | 75% | 1 | 25% | 0 | 0% | 4 | 4% |
| Total | 39 | 34% | 69 | 61% | 6 | 5% | 114 | 100% |

Le tableau 5 recense les compagnies d'assurance mises en cause devant les tribunaux. Wawanesa se distingue particulièrement des autres compagnies, puisqu'elle est concernée par plus du quart des recours jugés. En effet, elle est mise en cause à 38 reprises, dont une seulement avant 2001.

Dans 36 des dossiers analysés, Wawanesa a eu gain de cause dans 23 cas (64 %) et l'assuré dans 13 (36 %). Cela correspond aux résultats globaux que l'on retrouve dans le tableau 3.

Pour le groupe AXA, si nous analysons les causes où la compagnie AXA est mise en cause et non ses filiales ou les compagnies incorporées au groupe, nous recensons 15 causes dont sept (47 %) se sont conclues en faveur de l'assuré et huit (53 %) en sa faveur.

Si l'on prend en compte les compagnies gérées par AXA, deux causes s'additionnent aux causes accueillies et deux aux causes rejetées pour un total de dix (53 %) en faveur d'AXA et neuf (47 %) en faveur des assurés.

Nous avons pu analyser 16 causes concernant ING. Douze jugements (75 %) ont été rendus en sa faveur et seulement quatre (25 %) en faveur des assurés.

En ce qui concerne Desjardins, des 14 jugements examinés, nous constatons qu'il y a un partage égal (7/7) en faveur des assurés ou de l'assureur.

Comme on peut le constater, il y a des différences notables d'un groupe d'assureurs à l'autre, lesquelles peuvent s'expliquer par les stratégies judiciaires mises en oeuvre, mais aussi par les caractéristiques des assurés puisque, pour certains d'entre eux, il y a indubitablement des comportements incompatibles avec les règles de l'assurance.

En dépit de ces réalités, il ressort de l'étude de l'ensemble des causes analysées que le point majeur soulevé systématiquement concerne le questionnaire préalable au contrat d'assurance et plus spécifiquement la présence ou l'absence de questions relatives au casier judiciaire.

De l'analyse de la jurisprudence, nous dégageons tout d'abord le fait que les compagnies ne posent pas systématiquement de questions au sujet du casier judiciaire. Wawanesa, « en principe », pose une question en rapport avec le casier judiciaire dans ces termes : «Avez-vous des déclarations à faire concernant des condamnations ou poursuites au civil ou au criminel que l'assureur devrait connaître ?»

Les autres compagnies d'assurance n'ont pas de politique précise relativement au casier judiciaire, mais déclarent systématiquement devant les tribunaux que, si elle avaient su que l'assuré avait un casier judiciaire, elles ne l'auraient pas assuré.

Même cette question a été jugée problématique par le juge Landry. En effet, il considère que «la question telle que formulée est ambiguë et elle est susceptible d'être interprétée différemment selon la personne qui y répond». Il estime que l'«on fait appel à beaucoup de subjectivité[2]».

Comme il fallait s'y attendre, la Cour d'appel est rarement impliquée, mais lorsqu'elle l'est, elle rend des décisions en faveur des assurés trois fois sur quatre.

Il est important de souligner que, dans un grand nombre de recours, les compagnies d'assurance ont réussi à démontrer un lien entre la ou les condamnations et le risque assuré. Ce lien dans plusieurs cas est plus ou moins subjectif. Cette éventuelle augmentation du risque découlant d'une ou plusieurs condamnations n'a jamais été démontrée formellement, comme nous l'avons déjà expliqué.

Notre critique ne découle pas des cas où un lien plus que probable existe entre la ou les condamnations et le risque assuré, elle s'appuie plutôt sur l'argumentaire des compagnies d'assurance selon lequel le fait d'avoir un casier judiciaire augmente le risque pour cette personne et sa famille.

## Tableau 5

Les compagnies mises en cause dans la jurisprudence, 1953 à 2008

| Compagnie d'assurance (Courtiers exclus) | Nombre de procès | % |
|---|---|---|
| Wawanesa 1997 (1) et 2001 à 2008 | 38 | 27% |
| Groupe Axa (Axa, InnovAssur, AGBN, La Citadelle) | 20 | 14% |
| Groupe ING (ING, Groupe commerce, Bélair, Guardian, La St-Maurice) | 20 | 14% |
| Groupe Desjardins | 15 | 11% |
| Groupe Promotuel | 7 | 5% |
| Missisquoi - La Fédération | 6 | 4% |
| Lloyd's | 6 | 4% |
| L'Industrielle Alliance Compagnie | 4 | 3% |
| L'Union Canadienne Compagnie d'Assurance | 3 | 2% |
| Général Accident | 2 | 1% |
| Groupe OptimumSociété d'Assurances | 2 | 1% |
| La Compagnie d'Assurances Jevco | 2 | 1% |
| Compagnie d'assurance Allianz du Canada inc. | 2 | 1% |
| L'Union-Vie | 2 | 1% |
| La Capitale | 1 | 1% |
| Constitution du Canada | 1 | 1% |
| Groupe CGU | 1 | 1% |
| La Garantie | 1 | 1% |
| L'Indemnité | 1 | 1% |
| SSQ Société d'Assurances Générales Inc. | 1 | 1% |
| Zurich Canada Compagnie d'Assurances | 1 | 1% |
| Prudentielle | 1 | 1% |
| L'Équitable | 1 | 1% |
| L'Unique Compagnie d'Assurances | 1 | 1% |
| Security National Insurance | 1 | 1% |
| Alliance Insurance Company of Philadelphia (Principale appelante) | 1 | 1% |
| **Total** | **141** | **100%** |

À l'occasion, plus d'une compagnie d'assurances peuvent être impliquées dans le même procès.

Les Assurances Générales de la Banque Nationale, InnovAssur et la compagnie La Citadelle appartiennent au groupe Axa (juillet 2006).

La compagnie d'assurance Bélair, le Groupe Commerce, la Guardian du Canada et la St-Maurice appartiennent au groupe ING Canada (juillet 2006).

La Fédération et la Missisquoi appartiennent au Groupe d'Assurance Economical (juillet 2006).

Optimum et la Société nationale sont membres du groupe Optimum Société d'Assurances (juillet 2006).

Nous avons également examiné le facteur du délai entre la dernière condamnation et le moment de la souscription à une police d'assurance (tableau 6).

Il apparaît que le temps n'influe en rien sur la manière dont les tribunaux traitent de la cause, surtout si le délit est jugé grave ou s'il y a un lien avec le risque assuré.

**Analyse critique de la jurisprudence**

Les litiges qui opposent les compagnies d'assurance à des clients ayant des antécédents judiciaires semblent suivre le même scénario. À la suite d'un sinistre ou d'un vol, un client réclame à son assurance une indemnité de remboursement.

Lorsque sa compagnie d'assurance découvre, lors d'une enquête, que son client a un casier judiciaire, l'assureur refuse de lui verser une quelconque indemnisation. L'assureur annule de façon rétroactive le contrat de son client (nullité *ab initio*). L'assuré est réputé n'avoir jamais été couvert. Certaines de ces situations furent portées devant les tribunaux.

**Comment les compagnies d'assurance procèdent-elles lors du procès ? Quels motifs invoquent-elles ? Et quelles ont été les recommandations des tribunaux à l'égard de ces situations ?**

Lors du procès, la défense des compagnies d'assurance suit également une stratégie quasi-identique.

En premier lieu, la compagnie tente de démontrer que si elle avait eu connaissance des antécédents judiciaires de son assuré ou de ses proches au moment de la souscription du contrat, elle n'aurait jamais accepté de couvrir ce client.

En deuxième lieu, les assureurs font appel aux témoignages des compagnies rivales qui confortent dans la quasi-totalité des cas le point de vue de l'assureur mis en cause.

## Tableau 6

Décisions eu égard au délai entre la condamnation et le moment de la souscription

| Délai entre dernière condamnation de l'assuré et le moment de la souscription | Décisions en faveur assurés | % | Décisions en faveur assureurs | % | Décision mitigée | % | Total | % |
|---|---|---|---|---|---|---|---|---|
| Nul (inférieur à 1 an et Condamnations postérieures au contrat) | 13 | 39% | 19 | 58% | 1 | 3% | 33 | 100% |
| Entre nul (exclus) et 3 ans (inclus) | 7 | 32% | 13 | 59% | 2 | 9% | 22 | 100% |
| Entre 3 ans (exclus) et 5 ans (inclus) | 6 | 67% | 3 | 33% | 0 | 0% | 9 | 100% |
| Entre 5 ans (exclus) et 10 ans (inclus) | 3 | 30% | 6 | 60% | 1 | 10% | 10 | 100% |
| Plus de 10 ans (exclus) | 1 | 20% | 4 | 80% | 0 | 0% | 5 | 100% |
| Non communiqué | 9 | 26% | 24 | 69% | 2 | 6% | 35 | 100% |
| Total | 39 | 34% | 69 | 61% | 6 | 5% | 114 | 100% |

La compagnie d'assurance accuse son assuré de ne pas lui avoir déclaré des éléments qui auraient pu l'influencer lors de sa proposition d'assurance. Les compagnies rappellent, en vertu des articles 1375 et 2408 du *Code civil* du Québec[3] que les contrats d'assurance sont fondés sur le principe de bonne foi. Les assurés sont tenus de dévoiler tous les faits susceptibles d'influencer l'appréciation du risque, même en l'absence de questions de la part de l'assureur[4] : «Cette obligation [de déclarer tous les faits susceptibles d'influencer l'appréciation du risque] qu'a l'assuré peut aller au-delà des questions spécifiques posées dans la proposition d'assurance[5] ».

En ce sens, les compagnies d'assurance suivent les recommandations émises lors de précédents procès : «D'où il suit qu'il ne suffit pas, pour l'assureur, de dire après un sinistre, que tel fait, s'il lui avait été déclaré, lui aurait paru matériel, pour que ce dernier le soit nécessairement. Pour savoir s'il est matériel, il faut plutôt se demander ceci : eût-il été divulgué au moment des pourparlers sur le contrat, ce fait aurait il eu une influence telle que l'assureur aurait refusé le risque ou exigé une plus forte prime[6]?» Pour les compagnies d'assurance, les assurés sont tenus de révéler leurs antécédents judiciaires ainsi que ceux de leurs proches : conjoint(e)[7] et enfant[8].

> Pourtant la Cour du Québec reconnaît en 2004 que «cet article (l'article 2408 du Code civil du Québec qui oblige l'assuré à déclarer tous les faits susceptibles d'influencer la proposition d'assurance) force le futur assuré à se poser en assureur, et à porter un jugement de valeur sur des faits, avec des critères qui appartiennent ou sont déterminés par l'assureur, ce qui n'est pas à tous le moins, pas facile. L'assuré doit deviner les faits qui portent l'assureur à accepter ou non un risque, et se rendre responsable de l'erreur, si sa vision et celle de l'assureur ne coïncident pas en matière de d'appréciation du risque[9]».

Les témoignages des compagnies rivales ont pour but de déterminer l'attitude d'un assureur dit « raisonnable » à l'égard de clients ayant un casier judiciaire. Cependant la Cour d'appel admettait en 2005 que «la preuve d'une pratique générale d'un milieu n'est pas synonyme de son caractère raisonnable[10]».

Cette analyse remonte à 1991. Il est étonnant qu'il ait fallu 14 ans pour qu'elle soit reprise.

**Quels sont les motifs invoqués par l'assureur pour annuler le contrat de son client de façon rétroactive ?**

Le risque matériel

Lorsque l'assuré a commis par le passé une infraction ayant rapport avec le risque assuré, le tribunal approuve de façon quasi systématique l'annulation rétroactive du contrat d'assurance.

En 1983, Barladian a réclamé une indemnité d'assurance à la suite du vol dont il a été victime à son domicile. L'enquête menée par son assureur démontre que ce client avait été trouvé coupable par le passé de deux vols[11]. Le tribunal approuva l'annulation rétroactive du contrat de Barladian en statuant que lorsqu il y a «connexité entre les délits commis par le demandeur (l'assuré) et le risque couvert par la police d'assurance, il s'agit d'un fait matériel que le demandeur (l'assuré) devait dévoiler à la défenderesse [le groupe Desjardins][12]».

Les antécédents judiciaires des assurés, lorsqu'ils ont un rapport avec le risque couvert par l'assurance, sont considérés comme des éléments ou des risques de nature matérielle qui donnent raison à l'assureur d'annuler la police d'assurance.

Le risque moral

En revanche, lorsque les antécédents judiciaires de l'assuré ne sont pas directement liés au risque couvert par l'assureur, la compagnie invoque la nullité rétroactive du contrat au motif que son client représente un « risque moral ».

En 1988, Pineault réclame à son assureur une indemnité de remboursement à la suite d'un vol commis à son domicile. La compagnie d'assurance St-Maurice refuse de l'indemniser et annule de façon rétroactive le contrat parce que Pineault avait été condamné «presque 20 ans plus tôt pour possession d'une arme tronquée[13]». Le tribunal approuva la décision de la compagnie d'assurance.

Les compagnies d'assurance estiment que les personnes titulaires d'un casier judiciaire sont plus susceptibles de frauder leurs assureurs et de commettre de nouvelles infractions[14]. Elles représenteraient un risque moral.

En l'absence de définition du « risque moral » prise en compte par les tribunaux et de l'interprétation subjective qui peut en être faite, les compagnies d'assurance sont libres d'invoquer la nullité rétroactive du contrat pour les seuls motifs qu'un assuré titulaire d'un casier judiciaire représente un risque moral.

Et les décisions des tribunaux ne permettent pas de trancher clairement la situation.

En 2003, le professeur Bergeron constate à partir d'une analyse de la jurisprudence qu'«une introduction par effraction, une voie de fait, un bris d'ordonnance, la possession de stupéfiants, la possession d'explosifs, le trafic de stupéfiants ont été considérés comme non pertinents au risque pour une assurance automobile, indiquent que ces antécédents judiciaires n'ont rien à voir avec l'utilisation ou la conduite d'un véhicule-automobile. Dans le cadre d'une assurance habitation, un vol, une fraude, une supposition de personne et le fait d'être sous probation ont été considérés comme pertinents au risque[15].»

Le problème juridique réside donc dans la façon dont les compagnies d'assurance conçoivent le risque moral.

En 1953, la Cour d'appel écrivait déjà :

> À lire les dépositions de tous ces magnats du monde de l'assurance, à entendre leurs affirmations sur leurs pouvoirs illimités de statuer sur tout ce qui a trait aux réticences et représentations, on ne peut s'empêcher de croire que le contrat d'assurance est devenu un contrat unilatéral, ni de rester songeur devant l'extrême fragilité des droits éventuels de l'assuré[16].

**Quelles furent les recommandations émises par les tribunaux à l'égard de ces situations ?**

L'assurance, selon le juge Godbout, n'est pas un droit au sens entendu de la «*Charte des droits et libertés de la personne*, sauf dans le cas où l'exercice d'un droit est subordonné à l'obtention d'une couverture d'assurance et que ce droit est protégé par la *Charte*[17]». Les compagnies d'assurance sont donc libres de déterminer leurs propres conditions d'adhésion. Pourtant, elles rechignent à mentionner de façon claire dans leur contrat ou dans leur politique qu'elles n'assurent pas les individus ayant des antécédents judiciaires.

Les tribunaux ont encouragé à plusieurs reprises[18] les assureurs à statuer qu'elles refusent d'assurer les personnes ayant un casier judiciaire.

En 2005, la Cour d'appel déclarait : «En conclusion, si les assureurs ne souhaitent pas assurer les personnes ayant un casier judiciaire non relié à la conduite d'un véhicule ou à sa possession, qu'ils posent directement les questions appropriées aux proposants[19].»

En 1996, la Cour du Québec affirmait : «Si l'assureur estime qu'un casier judiciaire quel qu'il soit est suffisant pour lui faire refuser un risque, le Tribunal estime qu'il y aurait lieu pour lui de l'inclure dans les exclusions, comme il le fait par exemple pour les poêles à bois[20].»

On constate que la plupart des compagnies d'assurance ne tiennent pas compte des injonctions des tribunaux. À la suite du jugement de la Cour d'appel en 2005, la compagnie Wawanesa a modifié son questionnaire pour le rendre plus conforme aux exigences établies par la cour, dans les termes suivants : «Est-ce que vous, ou toute autre personne vivant sous votre toit ou ayant librement accès aux lieux ou aux biens assurés, avez déjà fait l'objet de poursuites ou condamnations de quelque nature que ce soit, tant au niveau criminel que civil[21]?»

**Pourquoi les compagnies d'assurance rechignent-elles à afficher clairement le fait qu'elles n'acceptent pas les individus ayant des antécédents judiciaires ?**

Le commentaire de la Cour supérieure du Québec contient sans doute des éléments de réponse : «L'assureur ne peut, d'une part, profiter des primes de preneurs qu'il considère indésirables comme groupe et, d'autre part, invoquer la nullité de la police lorsque l'un d'entre eux subit un sinistre[22].»

On peut également se demander quel est le nombre de personnes qui n'ont pas porté leur affaire devant les tribunaux à la suite d'un refus de leur compagnie d'assurance de les indemniser pour le seul motif qu'ils ont un casier judiciaire.

---

[1] Dans la bibliographie jurisprudentielle en fin de volume (p. 135), vous trouverez les 114 jugements qui font l'objet de la présente analyse ainsi que les quelques 25 jurisprudences relevées entre juin 2006 et le 16 mai 2008.

[2] *Duc c. Wawanesa*, paragraphe 31 (97).

[3] *Tremblay c. Industrielle Alliance.*

[4] *Wagner c. ING* (6); *Pineault c. St-Maurice* (11).

[5] *Crédit Ford du Canada ltée c. Fédération* (16), 2000 R.R.A. 149 à 152, p. 151.

[6] *Alliance Ins. Co. C. Laurentian Colonies* (7), 1953 B.R. 241 à 290, p. 277.

[7] *Nadeau c. ING groupe commerce* (36). ; *Langlois c. Wawanesa* (25).
[8] *Quirion c. AXA* (27).
[9] *Filiatreault c. Wawanesa*.(23).
[10] *Roberge c. Bolduc*, [1991] 1 R.C.S 374, aux p. 434 et 437, repris dans *Compagnie mutuelle d'assurance Wawanesa c. GMAC* (2), paragraphe 28.
[11] *Barladian c. Desjardins* (3), 1987 R.R.A. 517 à 522, p. 518.
[12] *Ibid.*, p. 517.
[13] *Pineault c. St-Maurice* (11), 1992 R.R.A. 449 à 452, p. 449.
[14] Tremblay, Pierre, Brigitte Massé et Yvan Clermont, 1992, p. 142.
[15] Bergeron, 2003, dans *Denis c. Wawanesa* (21), paragraphe 10.
[16] *Alliance Ins. Co. c. Laurentian Colonies* (7), 1953 B.R. 241 à 290, p. 272.
[17] *Wagner c. I.N.G.* (6).
[18] *Tremblay c. Industrielle Alliance* ; *Compagnie mutuelle d'assurance Wawanesa c. GMAC*; *Giaccio c. Constitution du Canada* (10) ; *Frigon c. Guardian* (15).
[19] *Compagnie mutuelle d'assurances Wawanesa c. GMAC.*
[20] *Frigon c. Guardian du Canada*, 1996 R.R.A. 899 à 903, p. 902.
[21] *Hugo c. La Compagnie mutuelle d'assurances Wawanesa*, paragraphe 55; *Mansour c. La Compagnie mutuelle d'assurances Wawanesa*, paragraphe 8.

# Chapitre 6

# Discrimination, casier judiciaire et assurances

*Le refus systématique d'assurer,*
*dès qu'il y a un antécédent judiciaire,*
*sans égard à la nature de cet antécédent,*
*sa gravité, le temps écoulé, ou*
*l'indication d'une récidive paraît difficilement acceptable.*
*Dans un contexte où,*
*pour reprendre l'expression employée par la défenderesse,*
*c'est l'extrême bonne foi qui est de mise,*
*un refus systématique, sans aucune autre considération,*
*ne s'inscrit pas dans une application sensée de cette exigence de l'extrême bonne foi.*
(Wagner c. I.N.G, paragraphe 25)

**La discrimination et le casier judiciaire**

Il semble nécessaire ici de présenter la *Charte des droits et libertés de la personne* ainsi que la *Loi canadienne sur les droits de la personne*, qui s'appliquent respectivement au Québec et au Canada. En effet, ces deux textes assurent la protection des citoyens, y compris les individus judiciarisés, contre toute forme d'abus et de discrimination.

La *Charte des droits et libertés de la personne*

La *Charte des droits et libertés de la personne* protège tout citoyen dans les relations qu'il a avec une autre personne privée ou avec une personne morale telle qu'une compagnie d'assurance. La *Charte* interdit spécifiquement la discrimination en matière d'emploi pour le motif que la personne a un dossier criminel, sauf s'il y a un lien direct entre l'emploi et l'infraction ayant donné lieu à une condamnation[1]. Toute personne qui se croit victime d'une discrimination selon la *Charte* peut porter plainte à la Commission des droits de la personne du Québec et, le cas échéant, bénéficier d'un recours direct et obtenir l'assistance d'un avocat désigné et rémunéré par le gouvernement québécois.

M. B. a décidé de porter plainte pour discrimination après que sa police d'assurance eut été annulée au motif que son conjoint et co-assuré avait un casier judiciaire[2]. Le Tribunal des droits de la personne a d'abord demandé à la compagnie d'assurance d'indiquer le motif exact de l'annulation: le fait que le conjoint de l'assurée avait un casier judiciaire ou le fait que le co-assuré avait un casier judiciaire ? La cause n'est jamais retournée devant le tribunal, mais celui-ci a tout de même eu le temps de préciser que, même si le droit à l'assurance n'est pas protégé par la *Charte*, celle-ci s'applique à tout contrat renfermant une clause discriminatoire. Cela suppose donc deux choses : d'une part, se faire refuser au motif de l'état civil (être le conjoint d'une personne ayant un casier judiciaire, l'état civil étant spécifiquement interdit comme motif de discrimination à l'article 10 de la *Charte*) est discriminatoire. D'autre part, toute clause d'un contrat d'assurance refusant d'indemniser à cause de la présence d'un casier judiciaire n'ayant pas de lien avec le risque serait discriminatoire.

En ce qui concerne la personne ayant un casier judiciaire, il importe de mentionner que la Cour a, en 2001, rejeté l'argument selon lequel les politiques de discrimination des assureurs à l'encontre des personnes ayant un casier judiciaire étaient contraires à la *Charte*.

> Une telle attitude ne peut être discriminatoire face à la Charte des droits et libertés de la personne que si elle contrevient à un droit reconnu par cette Charte. Or, le droit à l'assurance, ça n'existe pas en soi. L'assurance, c'est d'abord et avant tout un contrat qui lie les contractants, qui peut être de différents types suivant principalement la nature du risque assuré et qui vise essentiellement à prévoir les modalités de la couverture offerte par l'assureur à l'assuré, moyennant une prime ou une cotisation payable par ce dernier[3].

Au niveau fédéral

La *Loi canadienne sur les droits de la personne* régit les relations entre personnes privées (ce qui inclut les compagnies d'assurance et les particuliers) dans les affaires relevant du fédéral. Les domaines de compétence fédérale sont énumérés à l'article 91 de la *Loi constitutionnelle.* Nous pouvons nommer par exemple l'armée, les poids et mesures, les lettres de change, l'intérêt de l'argent, les Indiens et les terres. Concernant l'assurance, la *Loi canadienne sur les droits de la personne* s'applique si un consommateur est assuré par une compagnie d'assurance régie par le fédéral, c'est-à-dire ayant une vocation internationale ou inter-provinciale. Le but de la *Loi canadienne sur les droits de la personne* est d'appliquer le principe selon lequel tous les individus ont droit, dans la mesure de leurs devoirs et obligations au sein de la société, à l'égalité des chances d'épanouissement et à la prise de mesures visant à la satisfaction de leurs besoins, indépendamment des considérations fondées sur la race, l'origine nationale ou ethnique, la couleur, la religion, l'âge, le sexe, l'orientation sexuelle, l'état matrimonial, la situation de famille, la déficience ou l'«état de personne graciée[4]». La loi définit l'état de personne graciée comme l'état d'une personne physique qui a légalement obtenu une réhabilitation (pardon) qui, ayant été octroyée ou délivrée en vertu de la *Loi sur le casier judiciaire*, n'a pas été révoquée ou annulée[5]. La loi ajoute que les motifs de distinction illicites sont ceux qui sont fondés sur la race, l'origine nationale ou ethnique, la couleur, la religion, l'âge, le sexe, l'orientation sexuelle, l'état matrimonial, la situation de famille, l'état de personne graciée ou la déficience. Toutefois, dans le cas d'une assurance de biens souscrite au Québec, la *Loi canadienne sur les droits de la personne* ne trouve pas application. Nous ne pousserons donc pas plus loin notre analyse.

**Le calcul actuariel des risques**

Pour déterminer les critères d'évaluation du risque, les compagnies d'assurance se basent sur un calcul actuariel qui détermine le lien existant entre le présumé facteur de risque et le risque réel. En fait, le calcul prend en considération les statistiques élaborées par les compagnies d'assurance. C'est ainsi que l'âge et le sexe sont devenus des facteurs importants dans le risque associé aux assurances automobiles, puisque des études ont démontré que les accidents étaient beaucoup plus fréquents dans la catégorie constituée par les jeunes hommes que dans les autres. Presque toutes les compagnies évaluent elles-mêmes les risques, ce qui explique les disparités entre les critères utilisés par chacune d'elles et la valeur du risque calculé. Les autres reprennent simplement les résultats des études déjà réalisées. En octobre 1999, la Commission ontarienne des droits de la personne publiait un document de travail intitulé *Les assurances et les droits de la personne*. Cette étude portait sur les critères utilisés par les compagnies d'assurance reconnus par la *Charte* canadienne comme étant des motifs de discrimination, tel l'âge, le sexe et l'état civil. Plusieurs points importants soulevés par l'étude concernent directement notre propos et méritent d'être repris. La *Charte des droits et libertés* n'inclut pas d'article référant aux assurances, contrairement au *Code des droits de la personne* de l'Ontario. Le *Code* stipule ceci :

> Contrat d'assurance, etc.
> 22. Ne constitue pas une atteinte au droit, reconnu aux articles 1 et 3[6], à un traitement égal en matière de services et de contrats à conditions égales sans discrimination fondée

> sur l'âge, le sexe, l'état matrimonial, l'état familial ou un handicap le fait qu'un contrat d'assurance-automobile, d'assurance-vie, d'assurance-accident, d'assurance-maladie ou d'assurance-invalidité, qu'un contrat d'assurance-groupe entre un assureur et une association ou une personne autre qu'un employeur, ou qu'une rente viagère, établisse des distinctions entre des personnes, les exclut ou leur accorde la préférence pour des *motifs justifiés de façon raisonnable et de bonne foi*[7] et fondés sur l'âge, le sexe, l'état matrimonial, l'état familial ou un handicap.

Pour ce qui est du Québec, deux articles se réfèrent aux actes juridiques, dont le contrat fait partie :

> 12. Nul ne peut, par discrimination, refuser de conclure un acte juridique ayant pour objet des biens ou des services ordinairement offerts au public.
>
> 13. Nul ne peut, dans un acte juridique, stipuler une clause comportant discrimination. Une telle clause est réputée sans effet.

Cependant, aucune exception à ce règlement n'est indiquée dans la *Charte*, contrairement au *Code* de l'Ontario qui stipule que cette discrimination est justifiée dans certains cas seulement.

*De façon raisonnable et de bonne foi*

Il paraît nécessaire de s'interroger sur la définition de ces termes. En quelles circonstances les motifs liés à la discrimination peuvent devenir des critères de risque ? L'arrêt Zurich[8] a créé un précédent en la matière. La Cour suprême du Canada a jugé qu'une pratique discriminatoire était « raisonnable » si «elle suivait une pratique d'assurance solidement fondée et reconnue» et s'«il n'existait aucune autre solution praticable[9] ».

Pour répondre au premier critère, la compagnie d'assurance Zurich a dû démontrer que les facteurs de risque étaient basés sur des preuves actuarielles crédibles, c'est-à-dire qu'il y avait effectivement un lien de corrélation entre le facteur en cause et la perte d'assurance.

*La Cour estimait qu'il ne serait pas raisonnable d'exiger que Zurich établisse les primes au jugé au lieu de se fier à des données statistiques valides, mais discriminatoires. La Cour a toutefois bien montré que l'industrie des assurances ne devait pas continuer indéfiniment à s'appuyer sur des critères discriminatoires pour déterminer ses taux. Elle a décidé, en fonction de la preuve présentée, que trois années seraient nécessaires pour recueillir des statistiques valables. La Cour a également déclaré que l'industrie de l'assurance doit chercher à éviter de fixer des primes fondées sur des motifs interdits*[10].

Par contre, il semble que cette décision n'ait pas fait l'unanimité. Deux des juges mentionnaient que, pour considérer une discrimination comme raisonnable et de bonne foi, il fallait démontrer un lien de causalité entre le motif discriminatoire et le risque.

À la suite de cette première étude, la Commission des droits de la personne de l'Ontario a organisé une table de concertation avec divers organismes voués à la défense des droits et avec des représentants de l'industrie de l'assurance, dont le BAC. Ce dernier, répondant à l'exigence de l'arrêt Zurich, a tenté d'établir des critères autres que ceux jugés discriminatoires. Une première recherche a démontré que certains critères peuvent aider à améliorer le calcul du risque, mais ne peuvent remplacer ceux déjà établis. Une deuxième recherche de variables a eu lieu en 2000. Dans cette liste, se retrouvent «les antécédents en matière de condamnation. Le BAC précise que ces variables ne sont pas utilisées systématiquement dans l'ensemble de l'industrie de l'assurance et qu'il faudrait effectuer des analyses actuarielles pour vérifier si ces variables sont appropriées pour évaluer les risques[11].»

Un fait important à noter est que les lois sur les assurances varient d'une province à l'autre. Ainsi, en Ontario, une partie de la loi concerne les actes ou les pratiques malhonnêtes et s'exprime ainsi:

> 438. Les définitions qui suivent s'appliquent à la présente partie actes ou pratiques malhonnêtes ou mensongers »
> S'entend notamment,
> a) de la commission de tout acte interdit par la présente loi ou les règlements,
> b) de toute discrimination injuste entre les particuliers de la même catégorie et ayant la même espérance de vie, en ce qui concerne soit le montant, soit le paiement, soit le remboursement de primes ou les cotisations perçues par

> l'assureur en vertu de contrats d'assurance-vie ou de rentes, soit par la participation aux bénéfices ou à d'autres prestations en vertu de ces contrats, soit les conditions de ces contrats,c) de toute autre discrimination injuste dans l'application d'un taux ou d'un tableau des taux entre des risques objectifs essentiellement identiques en Ontario dans la même classification territoriale.
> Interdiction
> 439. Nul ne doit se livrer à des actes ou des pratiques malhonnêtes ou mensongers.

Il n'existe aucun article équivalent dans la *Loi sur les assurances* au Québec.

> Aux termes des règles de l'assurance automobile en Ontario, les compagnies sont tenues d'accepter tous les clients, c'est-à-dire qu'elles ne peuvent refuser d'assurer qui que ce soit. Également en Ontario, chaque compagnie doit déposer ses critères d'assurance auprès du commissaire des assurances, et ces critères doivent être raisonnablement prédictifs du risque et permettre une juste distinction entre les risques. En conséquence, un assureur automobile en Ontario ne peut, par exemple, faire payer des primes plus élevées à une personne seulement parce qu'elle conduit une voiture sport rouge ou parce qu'elle vient de divorcer. (Coopers et Lyland, 1998, p. 31)

Le gouvernement de Terre-Neuve et Labrador a adopté une réforme en assurance automobile qui interdit la discrimination selon l'âge, le sexe et l'état matrimonial dans la tarification. Ainsi, ces critères discriminatoires de tarification devront être exclus du système de catégorisation de risque des assureurs (BAC, 2005).

### Le risque et le casier judiciaire

Aucune étude n'a démontré un lien de corrélation, encore moins de causalité, entre le fait d'avoir un casier judiciaire et le risque. Comment expliquer alors le comportement des compagnies d'assurance à l'égard des individus judiciarisés ? Comme nous l'avons déjà mentionné, l'attitude des compagnies d'assurance pourrait n'être que le reflet de celle de la population en général.

L'étude de Tremblay, Massé et Clermont (1992) est éclairante à ce sujet. En effet, leur enquête menée auprès des enquêteurs et experts en sinistre auprès des compagnies d'assurance montre que leur perception varie «selon la gravité perçue des fraudes [...]. Alors que 55 % des répondants (92 % si l'on incorpore les indécis) pensent que ceux qui pratiquent la majoration des réclamations n'ont pas d'antécédents criminels, la proportion chute à 39 % lorsqu'il s'agit de faux sinistres et à 36 % lorsqu'il s'agit de sinistres intentionnels. Parallèlement, la proportion des répondants qui estiment que les fraudeurs ont des antécédents criminels passe de 8 % lorsqu'il s'agit de gonflement de réclamation à 20 % pour les fausses déclarations et les faux sinistres et à 30 % pour les sinistres intentionnels[12]» (p. 140-142).

Le Garrec (2004) montre que «l'évaluation de ce qui construit « le » risque dépend aussi des étiquetages et des préjugés attenants aux événements et aux individus » (p. 6/283).

Seigneur (200?) parle non seulement d'attitude ou de préjugés, mais aussi de phobie : «La notion de phobie est éclairante pour comprendre comment se construisent les risques. Rappelons que la phobie est une crainte angoissante déclenchée par un objet ou une situation n'ayant pas eux-mêmes un caractère dangereux »(p. 5) .

L'attitude des compagnies d'assurance face au casier judiciaire peut-elle être qualifiée de phobie? Nous croyons que c'est le cas. En l'absence de preuve que le casier judiciaire représente un facteur de discrimination raisonnable, donc partant de faits réels et en prenant en compte l'attitude générale négative envers le casier judiciaire, on peut supposer que la peur de prendre le risque d'assurer un individu judiciarisé est non fondée.

Nous pouvons d'ailleurs pousser plus loin nos réflexions et inverser totalement le raisonnement. Les personnes classées à haut risque par les compagnies d'assurance pourraient de par leur condition vouloir prévenir toute action qui serait de nature à justifier cette classification :

> Le type d'un agent est défini par sa probabilité d'accident *ex ante* [avant le contrat] (un agent A est plus risqué *ex ante* [suite à l'établissement du contrat] qu'un agent B si pour un même niveau d'autoprotection sa probabilité d'accident est plus élevée). L'agent le plus risqué *ex ante* n'est pas forcément le plus risqué *ex post* : pour un contrat donné, il est *a priori* possible qu'il choisisse un effort de

prévention tel que sa probabilité d'accident devient plus faible. (Faggart et Kambia-Chopin, 2003, p. 2)

Selon Chassagnon et Chiappori (1997), on pourrait penser qu'une personne qui a un casier judiciaire soit encline à faire montre de prudence de façon à éviter que sa condition soit connue, à demeurer le plus discret possible pour que la famille, qui n'est pas au courant de son passé, en soit informée ou pour que la compagnie d'assurance ne vienne pas à le considérer comme un individu à risque. Étant donné cette attitude, les individus judiciarisés représenteraient donc un risque encore moins grand pour les compagnies d'assurance.

---

[1] Article 18.2

[2] *C.D.P.D.J. [M. B.] c. Compagnie mutuelle d'assurances Wawanesa.*

[3] *Wagner* (6), paragraphe 19.

[4] *Loi canadienne sur les droits de la personne,* L.R.C, 1985, ch. H-6, article 2.

[5] *Ibid.,* article 25.

[6] Services
1. Toute personne a droit à un traitement égal en matière de services, de biens ou d'installations, sans discrimination fondée sur la race, l'ascendance, le lieu d'origine, la couleur, l'origine ethnique, la citoyenneté, la croyance, le sexe, l'orientation sexuelle, l'âge, l'état matrimonial, l'état familial ou un handicap.
Contrat
3. Toute personne jouissant de la capacité juridique a le droit de conclure des contrats à conditions égales, sans discrimination fondée sur la race, l'ascendance, le lieu d'origine, la couleur, l'origine ethnique, la citoyenneté, la croyance, le sexe, l'orientation sexuelle, l'âge, l'état matrimonial, l'état familial ou un handicap.

[7] Nous soulignons.

[8] *Zurich Insurance Co. c. Ontario (Commission des droits de la personne)* (1992), 16 C.H.R.R. D/255 (S.C.C).

[9] *Ibid.,* cité dans Commission des droits de la personne de l'Ontario, 1999, p. 8.

[10] *Ibid.*, p. 9.

[11] Commission des droits de la personne de l'Ontario, 2001, p. 19.

[12] Il est étonnant que, depuis la publication de ce texte il y a 15 ans, le SACA n'ait pas entrepris d'étude formelle pour vérifier les données qu'il contient.

# Chapitre 7

## Notre étude[1]

*Un refus systématique d'assurer*
*dès qu'il y a un antécédent judiciaire,*
*sans égard à la nature de cet antécédent,*
*sa gravité, le temps écoulé,*
*ou l'indication d'une récidive n'est pas acceptable.*
*Cela irait à l'encontre de la très grande bonne foi*
*entourant le contrat d'assurances.*

(Bergeron, 2003)

L'objet de notre étude vise à établir un portrait de la situation des personnes ayant un casier judiciaire, ainsi que leur famille éventuellement, à considérer la manière dont les compagnies d'assurance prennent en compte la jurisprudence et à définir leur position concernant le casier judiciaire. Pour ce faire, nous avons demandé à des représentants de divers organismes sans but lucratif s'occupant des détenus et des ex-détenus d'administrer un questionnaire que nous avons élaboré. Nous avons également demandés à des détenus incarcérés de solliciter leurs co-détenus. Les questions avaient pour but de mieux connaître nos répondants et de savoir quelle était leur expérience personnelle des assurances. Nous avons ensuite traité les données avec le logiciel SPSS pour effectuer, dans un premier temps, des analyses de fréquences et des analyses descriptives.

Nous avons également demandé par téléphone à sept grandes compagnies d'assurance de nous présenter des soumissions pour une assurance automobile et une assurance habitation. Les objectifs de cette enquête étaient de voir si les compagnies d'assurance posaient d'elles-mêmes la question sur le casier judiciaire, si elles accordaient de l'importance au lien entre la nature du crime commis et le type d'assurance demandé (comme le recommande la Cour d'appel du Québec) et si elles accepteraient de nous assurer. Puisque aucune compagnie n'a posé de question relative aux antécédents judiciaires[2], nous avons attendu à la toute fin de l'entretien pour mentionner que nous en avions un  Nous avons ainsi obtenu le montant des primes pour toutes les soumissions d'assurances demandées.

**Les résultats du questionnaire**

Nous avons recueilli 136 questionnaires. La majorité de nos répondants sont des hommes (73,5 %), célibataires (63,2 %), âgés de 36 à 55 ans (55,9 %) avec au moins un enfant (59,6 %). Les types de délits sont variés et la plupart des participants étaient détenus (58,8 %) au moment de l'enquête. Dans la plupart des cas, les sentences varient entre deux et cinq ans. Le plus souvent, la dernière condamnation a eu lieu entre 2001 et 2007 (83,1 %).

De ces 136 participants, 61 ont affirmé avoir eu de la difficulté à s'assurer : ils ont soit, essuyé un refus complet de la part des assureurs, ou encore le montant des primes a augmenté et la couverture de leur assurance a diminué. Il y a eu difficulté à s'assurer pour tous les types d'assurance (multirisques et de personne), et la raison invoquée par les assureurs est la présence d'un casier judiciaire. Pas moins de 29,5 % des répondants ont déclaré que le problème d'assurance touchait aussi un membre de leur famille, le plus souvent un conjoint. Peu de participants ont répondu à la question portant sur la couverture et l'augmentation des primes à payer. Cela peut s'expliquer par le fait que les compagnies d'assurance refusent généralement les gens avec un casier judiciaire et que peu d'entre eux ont pu souscrire une police d'assurance. Les quelques réponses obtenues indiquent que les primes peuvent augmenter considérablement (jusqu'au triple du montant initial) et que la couverture peut être diminuée de manière significative. Il ne semble pas exister de cause autre que la simple possession du casier judiciaire, c'est-à-dire que le type ou le nombre de crimes commis n'influencent pas la décision de refuser un client. Les compagnies mises en cause par les répondants correspondent à celles que nous avons recensées dans la jurisprudence.

Si l'«état criminel » ne semble pas avoir d'impact, certaines caractéristiques personnelles méritent d'être mentionnées. La plupart des répondants qui ont dit avoir eu des problèmes à s'assurer ont entre 26 et 55 ans. Les moins de 26 ans ont répondu ne pas connaître la situation. Il est à envisager que les plus jeunes n'ont pas encore eu l'occasion de s'assurer et que, probablement, ils éprouveront des difficultés lors de leur première démarche en ce sens. Les personnes mariées, veuves ou conjointes de fait ont aussi répondu davantage avoir eu des problèmes à s'assurer ainsi que celles qui avaient au moins un enfant. Les obligations familiales et le fait de vouloir assumer ses responsabilités seraient des motifs qui poussent à s'assurer.

En nous basant sur les questionnaires, nous avons recensé les compagnies qui avaient refusé ou accepté comme clients les répondants. Nous les énumérons dans le tableau 7. Il est à noter que les répondants ont pu contacter plus d'une compagnie d'assurance. Il ressort clairement des données que les refus (82 %) sont plutôt la règle.

**Tableau 7**
Liste des compagnies d'assurance qui ont accepté
ou refusé une police aux répondants du questionnaire

| Nom de la compagnie | Refuse | Accepte |
|---|---|---|
| Desjardins | 15 | 1 |
| Wawanesa | 9 | 2 |
| Belair | 6 | 2 |
| La Capitale | 6 | |
| L'Industrielle Alliance | 4 | 1 |
| Banque Nationale | 4 | |
| Loyd's | 2 | 1 |
| Promutuel | 2 | |
| Axa | 1 | 1 |
| AllState | 1 | |
| Métropolitaine | 1 | |
| La Financial | 1 | |
| Missisquoi | 1 | |
| Groupe Elco | 1 | |
| Union Canadienne | 1 | |
| Essor | 1 | |
| Croix Bleue | 1 | |
| La Mutuelle | 1 | |
| Chubb | 1 | |
| Avco | 1 | |
| Jevco | | 1 |
| Groupe commerce | | 1 |
| Gesco | | 1 |
| ING | | 1 |
| Autres[3] | 2 | 2 |
| TOTAL | 62 (82%) | 14 (18%) |

**Notre enquête auprès des compagnies d'assurance**

Scénario n° 1

Nous avons contacté par téléphone sept grandes compagnies d'assurance dans le but d'obtenir des soumissions pour une assurance automobile et une assurance habitation. Les objectifs de cette enquête étaient de déterminer si les compagnies d'assurance posaient elles-mêmes la question sur le casier judiciaire, si elles accordaient de l'importance au lien entre la nature du crime commis et le type d'assurance demandé et si elles acceptaient ou non de nous assurer. Le scénario des appels est présenté dans le tableau 8. Puisque aucune compagnie n'a posé de question sur les antécédents judiciaires et que nous avons attendu à la toute fin de l'entretien pour mentionner que nous avions un casier judiciaire, nous avons obtenu les prix et primes pour toutes les soumissions d'assurances demandées.

**Tableau 8**

Scénario des appels auprès des compagnies d'assurance

*Description personnelle :*
Femme de 28 ans, étudiante à la maîtrise, possédant un bon crédit
*Délit :*
Casier judiciaire depuis quatre ans pour vente et possession de drogue
*Soumissions avant mention du casier judiciaire :*
Habitation
Appartement au rez-de-chaussée dans un immeuble centenaire à deux logements dans le vieux Hull, chauffage central au propane, aucune réclamation passée.

- 20 000 $/biens
- 2 000 $/biens hors domicile
- 1 à 2 millions pour responsabilité civile
- Dégâts d'eau ou non
- 300 $ à 500 $ de franchise
- Montant annuel moyen de 325 $

Auto
Pontiac Sunfire 2004, location, une réclamation pour un pare-brise deux ans auparavant.

- Assuré des deux côtés
- Sans valeur à neuf
- 50 $ de franchise pour feu, vol, vandalisme
- 250 $ de franchise pour accident responsable ou non.
- Montant annuel moyen de 725 $

Comme nous l'avons déjà mentionné, aucune des compagnies contactées ne s'est informée sur nos antécédents judiciaires potentiels. Nous avons nous-mêmes soumis cette information à la toute fin des entretiens, excepté dans le cas de la Banque Nationale où nous avons répondu que nous avions déjà été refusés par une autre compagnie en raison de notre casier judiciaire. Dans les autres cas où la question du refus était posée, nous avons répondu non. Seulement trois compagnies d'assurance disent accorder de l'importance à la nature du délit commis. Wawanesa, Industrielle Alliance et Bélair Direct disent vérifier le plumitif avant d'accepter ou de refuser la demande d'assurance. Bélair Direct nous a quand même refusés pour cette année, car le casier judiciaire doit être plus vieux que cinq ans pour considérer une demande. Le nombre d'années depuis l'établissement du casier est aussi un critère pour la compagnie La Capitale. Pour qu'une demande d'assurance soit considérée, le casier judiciaire doit être plus vieux que sept ans. Les quatre autres compagnies refusent complètement d'assurer une personne ayant eu des démêlés avec la justice. Comme il s'agissait d'un « faux casier », nous n'avons pu déterminer si les compagnies disant vérifier le plumitif auraient été prêtes à nous assurer avec des primes plus élevées et des couvertures moins grandes. Plusieurs compagnies nous ont suggéré d'obtenir un pardon afin de pouvoir nous assurer (voir tableau 9).

Pour compléter cette recherche, nous avons contacté un courtier spécialisé dans la recherche d'assurances pour des individus ayant un mauvais dossier de crédit ou un casier judiciaire. Nous avons utilisé le même scénario que pour les appels précédents. Seulement une compagnie d'assurance peu connue acceptait d'assurer notre habitation pour 450 $ par année, avec une couverture de 20 000 $, une responsabilité civile de 500 000 $ et une franchise de 1000 $. En comparant avec les soumissions obtenues avant la mention du casier judiciaire, nous avons constaté que les primes avaient augmenté de 125 $ et la franchise de 500 $. La couverture pour la responsabilité civile a diminué de 500 000 $. La compagnie n'a pas vérifié le plumitif avant de produire sa soumission. Le courtier nous a lui aussi suggéré de demander un pardon.

Scénario n° 2

Notre deuxième démarche consistait à contacter les mêmes compagnies d'assurance et à leur demander directement si elles accepteraient de nous assurer malgré le fait que notre conjoint possédait un casier judiciaire. Les résultats sont sensiblement les mêmes que dans notre première enquête (voir tableau 10). Les trois mêmes compagnies nous ont mentionné la possibilité de vérifier le plumitif.

**Tableau 9**

Résultats des appels dans le cas où la personne détient un casier judiciaire

| Compagnie | Type d'assurance | Question sur les antécédents judiciaires avant la signature du contrat | Question sur refus par une autre compagnie d'assurances (Antécédents) | Importance de la nature du délit | Importance du nombre d'années de la possession du casier | Acceptation ou refus d'assurer en raison du casier | Vérification du crédit |
|---|---|---|---|---|---|---|---|
| Wawanesa | Auto | Non | Non | Oui | Non[4] | Doit vérifier le plumitif[5] | Oui |
| La Capitale | Habitation | Non | Non | Non[6] | Le casier doit être plus vieux que 7 ans | Refuse | Oui |
| Industrielle Alliance | Habitation Auto/Vie | Non[7] | Non | Oui[8] | Non | Doit vérifier le plumitif | Oui |
| Banque Nationale | Habitation/ Auto | Non | Oui | Non[9] | Non | Refuse | N/A ? |

Encore une fois, Bélair a refusé de considérer notre demande, donnant cette fois pour raison que les autres compagnies d'assurance l'avaient déjà rejetée. La Banque Nationale ne nous a pas complètement refusés, mais a précisé qu'il était probable que nous soyons déboutés de notre demande. Cette fois, nous avons pu vérifier en demandant simplement s'il était possible que les primes augmentent et que la couverture diminue. Bien que nous n'ayons pas obtenu de chiffres, il est clair que les compagnies envisageant de nous assurer auraient probablement augmenté les primes et diminué notre couverture. La Capitale, Desjardins et SSQ ont refusé catégoriquement de nous assurer en raison du casier judiciaire de notre conjoint.

L'ensemble de ces résultats sont tout à fait concordants avec les informations que nous avons recueillies dans la jurisprudence. Il est à noter que la compagnie Wawanesa a modifié son questionnaire depuis la décision de la Cour d'appel en février 2005.

Avant la question posée était la suivante : «Avez-vous des déclarations à faire concernant des condamnations ou poursuites au civil ou au criminel que l'assureur devrait connaître[13]?»

Maintenant la question se lit comme suit : «Est-ce que vous, ou toute personne vivant sous votre toit ou ayant librement accès aux lieux ou aux biens assurés, avez déjà fait l'objet de poursuites ou condamnations de quelque nature que ce soit, tant au niveau criminel que civil[14]?»

**Tableau 10**

Résultats des appels dans le cas où le conjoint a un casier judiciaire

| Compagnie d'assurance | Accepte ou refuse d'assurer en raison du casier judiciaire d'un conjoint | Augmentation des primes | Moins grande couverture | Commentaires |
|---|---|---|---|---|
| Wawanesa | Ne sait pas. Doit vérifier le plumitif | Auto = Oui Maison = Ne sais pas | | Doit soumettre la demande au superviseur. Bonne chance d'être retourné au dernier assureur. |
| La Capitale | Non | | | Nous a suggéré d'appeler un courtier pour nous aider dans notre recherche d'assurance. |
| Industrielle Alliance | Ne sait pas. Doit vérifier le plumitif | Possiblement | Possiblement | Nous a suggéré d'appeler un courtier pour nous aider dans notre recherche d'assurance. |
| Banque Nationale | Ne sait pas. Probablement que non si pas de pardon. | Possiblement | Possiblement | Nous a dit qu'il était très difficile d'obtenir une assurance avec un casier judiciaire. |
| Bélair | Non, car sous-entend que nous avons eu des refus antérieurs.Vérification possible du plumitif | | | Nous a suggéré d'appeler un courtier pour nous aider dans notre recherche d'assurance. |
| Desjardins | Non | | | |
| SSQ | Non | | | |

La question est beaucoup plus précise et aussi révélatrice de l'attention avec laquelle la compagnie examine ses clients potentiels. La question révèle que non seulement les conjoints et les enfants sont concernés, mais également toute *personne vivant* sous le même toit, donc les parents, les amis, les colocataires, etc. Mais cela ne s'arrête pas là, puisque toutes les personnes ayant accès librement aux lieux ou aux biens assurés sont visées. Ainsi, une femme de ménage ou un individu assurant un quelconque service d'entretien (de chauffage ou de piscine, par exemple) seront probablement pris en compte dans l'analyse de la demande d'assurance.

En effet, comme l'expert en sinistres de la compagnie «procède systématiquement à une vérification des dossiers de crédit et criminel de l'assuré[15]», et que la compagnie n'a pas de norme écrite «quant à l'acceptation ou au refus de souscrire un contrat d'assurance lorsque des personnes possèdent des antécédents judiciaires[16]», il vaut mieux être d'une très grande rigueur dans la réponse qui sera donnée. Il faut donc être absolument sûr de la situation de chaque personne concernée à l'égard des poursuites judiciaires, même si celles-ci ne se sont pas conclues par une condamnation civile ou criminelle.

**Conclusion**

Cette enquête auprès des compagnies d'assurance ne prétend pas être exhaustive. Elle nous permet cependant de confirmer les propos des participants à notre étude et nous amenés à faire les quatre constatations suivantes :

1- bien que les compagnies d'assurance jugent l'information sur les antécédents judiciaires essentielle, elles ne posent pas d'elles-mêmes la question;
2- la plupart des compagnies n'accordent pas d'importance au lien entre la nature du crime commis et le type d'assurance demandé;
3- la plupart des compagnies refusent d'assurer une personne ayant un casier judiciaire ou ayant un conjoint en possédant un;
4- les compagnies qui acceptent d'assurer une personne avec un casier judiciaire ou dont le conjoint a un casier judiciaire, augmentent les primes à payer et diminuent la couverture de l'assurance.

À la suite de ces appels, nous avons contacté un courtier d'assurance de la région de Montréal en vue d'étendre nos observations. Son bureau possède de nombreux clients ayant des casiers judiciaires; ils lui sont même adressés par le BAC. Selon lui, les compagnies d'assurance devraient elles-mêmes poser la question sur les antécédents judiciaires et non attribuer la responsabilité aux individus. Ce courtier invoque deux arguments. Premièrement, si la compagnie juge que le casier judiciaire est un facteur de risque au même titre que les autres facteurs de risque au sujet desquels elle pose des questions (par exemple, la maladie pour une assurance vie ou les accidents de voiture pour une assurance automobile), elle devrait faire de même pour les antécédents judiciaires. Deuxièmement, l'individu qui cherche à s'assurer n'est pas nécessairement un expert dans le domaine et le fait d'omettre de mentionner son passé judiciaire est souvent dû à un oubli ou à l'ignorance des règles des compagnies d'assurance concernant le casier judiciaire. Le risque est grand pour l'individu qui ne déclare pas son dossier, peu importe les raisons. En effet, une compagnie d'assurance peut, lorsqu'elle apprend, même après plusieurs années, qu'un client a un casier judiciaire, annuler sa police ou refuser de l'indemniser. Il s'agit d'une punition plutôt sévère pour un oubli ou pour une ignorance des règles. Les compagnies qui acceptent en toute connaissance de cause d'assurer un individu ayant des antécédents judiciaires doublent, triplent ou même quadruplent les primes. Il semble exister un lien entre la couverture offerte par les assurances et le type de crime commis. Ainsi, un individu ayant déjà commis un vol et qui cherche à assurer sa maison ou son logement se verra probablement offrir un plan ne couvrant pas le vol. En acceptant le plan, il ne sera pas indemnisé s'il est victime d'un vol par effraction. Pour ce qui est de la troisième hypothèse, le casier judiciaire d'un individu touche toutes les personnes vivant avec lui, que ce soit un frère, une mère, un conjoint, un enfant, un ami ou un colocataire. Ces personnes ont-elles l'obligation de déclarer le casier judiciaire de la personne vivant avec elles ? Là encore, l'omission de déclarer peut s'expliquer par les raisons que nous avons mentionnées plus haut, et peut aussi être due au fait qu'on ignore que la personne partageant le domicile possède un casier judiciaire.

---

[1] Une partie de cette étude a été présentée à un colloque tenu à Nantes en juin 2007 (Bernheim, Cyr et Fournier, 2007).

[2] Selon Mme Sylvie Racine, directrice de la souscription et des techniques d'assurances à l'Industrielle Alliance, «une question précise est posée à tout proposant en assurance automobile sur ces condamnations en vertu du *Code criminel.* Elle ajoute que le formulaire de proposition est le même pour tous les assureurs et que le formulaire actuel date des années 1980». Ce témoignage est rapporté par le juge Taschereau, de la Cour supérieure du Québec, dans (1) *Maltais c. AXA*, 24 mars 2006, paragraphe 46.

[3] Courtiers d'assurances.

[4] Dans l'affaire *GMAC c. Wawanesa* (70), celle-ci aurait refusé en 2002 une police d'assurance pour des crimes graves commis entre 1976 et 1980. Vingt-deux ans sans récidive ne semble pas une période suffisante. AXA Assurances a déclaré qu'elle agirait de la même façon.

[5] La responsable des ventes chez Wawanesa a indiqué le 23 mars 2004 «qu'il n'y a pas de normes écrites» concernant les antécédents judiciaires en matière d'assurance habitation. *Duc c. Wawanesa*, paragraphe 35 (97). La Cour d'appel du Québec note la même absence de politiques écrites concernant les antécédents criminels (*GMAC c. Compagnie mutuelle d'assurances Wawanesa* [2], 8 février 2005, paragraphe 14). Déclaration confirmée dans *Hugo c. Wawanesa*, 13 février 2008, paragraphe 41.

[6] La Capitale a abandonné en mai 2005, devant le tribunal, son argumentation relative au casier judiciaire compte tenu de la décision *Bergeron c. Lloyd's* (19) de février 2005. En effet, le casier judiciaire n'avait rien à voir avec le risque assuré (*Payeur c. La Capitale* [36]).

[7] Au sujet des questions relatives au casier judiciaire, nous sommes confrontés à deux versions totalement incompatibles. Dans l'affaire *GMAC c. Industrielle* (72), entendue en septembre et octobre 2003, Pascal Gagné, agent souscripteur, témoigne qu'il «doit, comme tout agent souscripteur, suivre la procédure qui apparaît à l'écran de l'ordinateur. Les agents doivent poser une après l'autre les questions apparaissant à leur écran, ne peuvent détruire les notes prises à ce moment ni laisser de case *en blanc,* voire non remplie. Il affirme catégoriquement, sans aucune hésitation, qu'il a dû lui poser la question portant sur ses antécédents et ne jamais avoir été mis au courant du passé criminel de M. L., sinon il l'aurait refusé comme assuré le 10 novembre 1999.» Mme Rollande Caron, également agente souscripteur, *a confirmé* son témoignage (paragraphes 21, 22 et 23).

Dans l'affaire *Simoneau c. Industrielle Alliance* (34), entendue le 21 février 2003, Mme Rollande Caron, conseillère en technique d'assurance, témoigne pour Industrielle relativement à un contrat signé le 4 septembre 2000. Le juge note que «la preuve révèle que le représentant de la défenderesse [Industrielle Alliance] ne lui a jamais posé de questions relativement à une faillite antérieure ou s'il avait eu des démêlés avec la justice » (paragraphe 17). Que peut-on en conclure ?

[8] Pour Industrielle Alliance, le fait d'avoir été reconnu coupable d'avoir cultivé six plans de marihuana est suffisant pour refuser d'assurer. Desjardins a déclaré, le 21 février 2003, qu'elle aurait agi de la même façon (*Simoneau c. Industrielle Alliance* [34]).

[9] Dans son argumentation, la Banque Nationale prétend «qu'un antécédent judiciaire, même non relié à la conduite automobile, est pertinent pour l'évaluation du risque moral» (paragraphe 45). À l'audience de février 2005, à la suite de la décision du 8 février 2005, AGBN révise sa position et modifie sa défense en conséquence (*Mantache c. Innovassur et AGBN* [20]).

[10] À une audience de février 2005, on a admis qu'il n'y avait pas eu de question de posée relativement au casier judiciaire (*Chevrier c. Bélair*, 26 avril 2005 [53], paragraphe 6). Dans *St-Denis c. Bélair*, 13 mai 2004 (17), il faut conclure qu'aucune question n'a été posée.

[11] Luc Lamontagne, directeur principal souscription chez Desjardins, précise que le temps écoulé entre la dernière condamnation et la souscription n'a pas d'importance (*Wawanesa c. GMAC* [2], 8 février 2005, paragraphe 15).

[12] Cette politique est confirmée par le juge Grenier dans *Brousseau c. SSQ* (101), paragraphe 34, 15 juillet 2005.

[13] *Hugo c. La Compagnie mutuelle d'assurances Wawanesa*, paragraphe 13.

[14] *Ibid.*, paragraphe 44.

[15] *Ibid.*, paragraphe 28.

[16] *Ibid.*, paragraphe 41.

# *Chapitre 8*
# *Présentations de cas*

Pour comprendre davantage les conséquences des difficultés que rencontrent les personnes se voyant refuser une indemnité ou voulant obtenir une assurance, nous présentons dans ce chapitre le contenu d'entrevues réalisées avec différentes personnes touchées directement ainsi que quelques cas se rapportant à des plaintes que nous avons reçues. Ainsi qu'il a été convenu avec les personnes interviewées, nous avons préservé l'anonymat dans les présentations des cas.

## Être caution d'un membre de sa famille peut coûter très cher

Mme A est veuve et mère de trois enfants, une fille et deux fils, maintenant adultes. Il y a quelques années, un de ses fils s'est fait arrêter pour un délit lié à un gang criminel. Lors de l'audience pour fixer la date de la sentence, Mme A était présente pour soutenir son fils. Comme la caution était très élevée, elle a mis sa maison en garantie. La Cour lui a indiqué qu'elle devait absolument être assurée pour entreprendre cette démarche et qu'elle devait informer sa compagnie d'assurance que sa maison était placée sous la tutelle du procureur de la Couronne. Mme A était assurée avec Desjardins depuis au moins 25 ans, période durant laquelle elle n'a fait aucune réclamation et aucun paiement en retard. Lorsqu'elle a avisé sa compagnie d'assurance qu'elle n'était plus la propriétaire de sa maison jusqu'au prononcé de la sentence de son fils, la compagnie a annulé son assurance et lui a renvoyé tous les chèques postdatés couvrant les paiements mensuels de l'année en cours, en lui expliquant que son *privilège* d'être assurée lui était enlevé non seulement pour sa maison, mais aussi pour sa voiture, et qu'elle représentait désormais un risque trop grand. Par la suite, Mme A a fait appel à l'aide du BAC. Une enquêteuse du Bureau lui a dit que cette pratique était interdite, mais malheureusement, malgré une promesse d'enquête, le Bureau n'a jamais donné suite à sa demande. Le gouvernement ne pouvant l'aider non plus, mais lui rappelant sa nécessité d'être assurée, Mme A a fait de très nombreux téléphones pour se trouver une compagnie d'assurance. Toutes les compagnies, une fois la situation de la dame connue, l'ont refusé. Finalement, le Groupe LePelco a bien voulu assurer sa maison et sa voiture, mais moyennant des primes exorbitantes, trois fois plus élevées que le montant initial. N'ayant pas d'autre choix, elle a accepté. Une fois la sentence de son fils rendue, elle a informé sa compagnie qu'elle était de nouveau propriétaire de sa maison. La compagnie lui a déclaré que, malgré cela, elle représentait un risque et qu'elle devait continuer de payer des primes élevées. D'ailleurs, les lettres envoyées par sa compagnie d'assurance parlent d'elle comme de l'« adresse du risque ». Les primes ont diminué d'année en année, mais elles sont encore aujourd'hui plus élevées qu'avant la mise en caution de sa maison.

Mme A garde beaucoup de ressentiment de toute cette histoire, premièrement envers la Cour, qui ne lui a pas mentionné les conséquences de la mise en tutelle de sa maison, et envers les compagnies d'assurance qui, malgré qu'elle n'ait fait aucune réclamation ni aucun paiement en retard, l'ont traitée comme une assurée à risque. En plus du stress et des soucis occasionnés par cette histoire, Mme A a aussi perdu confiance. Elle a continuellement peur de se faire voler ou d'avoir un accident, car elle ne croit pas que les assurances l'indemniseront. Elle est certaine que la compagnie trouvera une excuse liée au risque qu'elle représente désormais. « Dans la vie, on ne peut se fier sur personne » : telle est la leçon qu'elle tire de toute cette expérience. Elle ne regrette cependant pas d'avoir aidé son fils, et si c'était à refaire, elle n'hésiterait pas à agir de la même façon, « car une mère se doit d'aider ses enfants peu importe les circonstances ».

**L'impossibilité de s'assurer crée un stress et une inquiétude permanente**

Mme B était propriétaire de deux immeubles à logements. À la suite d'un crime commis par sa fille dans lequel elle est complice, elle est condamnée au pénitencier en 2001. Pour payer son avocate et les frais de justice, elle a vendu une de ses maisons. À sa sortie de prison, la compagnie Desjardins, avec laquelle elle avait une assurance automobile et une assurance propriétaire habitant depuis longtemps, a annulé ses assurances. Puisque celles-ci avaient été annulées par Desjardins, les démarches entreprises auprès des autres compagnies ont été infructueuses. Ayant finalement réussi à se trouver une assurance automobile, mais, faut-il le mentionner, à un prix exorbitant, Mme B n'a toujours pas d'assurance propriétaire habitant. Son courtier avait trouvé une compagnie qui acceptait de l'assurer, mais à un prix beaucoup trop élevé pour ses moyens. N'ayant pas d'assurance, elle ne put hypothéquer sa maison et, pour se protéger, elle mit tout son soin à prévenir les dommages. Mme B a été enseignante et s'est toujours débrouillée seule. Propriétaire d'une maison depuis 1962, elle a toujours payé ses hypothèques et ses assurances. Elle a beaucoup perdu depuis 2001; elle ne peut plus voir son petit-fils, elle a dû vendre un de ses immeubles à logements sur laquelle elle comptait pour augmenter ses revenus à sa retraite. Comme elle n'a pas d'assurance, elle vit dans un état de stress et d'inquiétude permanente qui risque d'avoir des conséquences sur sa santé.

**Les contraintes *assurancielles***

M. A a été accusé relativement à un incendie criminel, en 2004. Il est sorti de prison en mars 2006 sous libération conditionnelle. Propriétaire d'une voiture et d'une moto, il était assuré avec La Capitale depuis une dizaine d'années. Pour sa voiture, ses paiements annuels s'élevaient à 600 $ pour une protection complète. À cause de son casier et d'une faillite personnelle, il n'a jamais pu réassurer sa moto, et les primes pour sa voiture s'élèvent à 600 $ seulement pour la responsabilité civile. Demeurant à Québec avec sa conjointe, il a réussi à trouver un emploi à Montréal. Sa voiture est donc pour lui une nécessité. L'Agence Assurances Montcalm, qui offre des services spécialisés aux gens ayant des difficultés à s'assurer, lui a trouvé une assurance pour sa moto, mais les prix sont quatre fois plus élevés. M. A est très mécontent de la situation et il ne croit aucunement que la société se préoccupe de la réhabilitation. « Ça pousse les gens à retomber dans la criminalité », dit-il en parlant de la difficulté à se trouver des assurances et des primes beaucoup trop élevées. Ayant aussi subi de l'abus en prison, il garde une rancune envers le système correctionnel qui ne l'a aucunement aidé à se réhabiliter. Toute cette situation l'a rendu plus agressif. Heureusement, il a pu trouver un bon emploi, mais les problèmes de santé présents depuis la prison, les voyages constants entre Québec et Montréal et les préjugés de la société en général l'affectent beaucoup. « C'est très dur moralement. »

**La réhabilitation peut-elle être prise en considération par les compagnies d'assurance ?**

M. X est propriétaire d'une maison depuis une quarantaine d'années et a toujours été assuré. Lorsqu'il a acheté sa ferme, il l'a fait assurer par Promutuel. Durant 10 ans, il a payé les primes sans jamais faire de réclamation. Un hiver, la couverture de sa ferme a cédé sous le poids de la neige. La compagnie n'a pas voulu l'indemniser, alléguant que M. X aurait dû engager un entrepreneur pour déneiger la toiture durant l'hiver. Lorsque l'inspecteur de la compagnie d'assurance est venu constater les dégâts, il a également remarqué un problème électrique. Tant que ce problème n'était pas réglé, la compagnie ne pouvait plus l'assurer. M. X a donc engagé un entrepreneur pour la neige et a réglé le problème électrique. Il a ensuite contacté la compagnie d'assurance pour se faire réassurer; celle-ci a refusé à cause de son casier judiciaire vieux de 20 ans pour possession illégale d'armes à feu. Ayant acheté une autre maison avec sa conjointe, il a dû la faire assurer au nom de sa conjointe, car les compagnies refusaient à cause de son casier. Actuellement, il possède une maison, deux fermes et une voiture. Sa maison est assurée à son nom, mais sa compagnie d'assurance actuelle ne sait pas qu'il possède un casier judiciaire.

Sa voiture est assurée au nom de sa compagnie, mais ses deux fermes ne sont pas assurées. Par conséquent il n'a jamais pu avoir d'hypothèque pour ses fermes. M. X trouve complètement illogique la façon de fonctionner des compagnies d'assurance. « C'est frustrant », dit-il à propos parle de la raison pour laquelle il a été arrêté et de l'utilisation que les compagnies d'assurance font de son casier judiciaire pour l'empêcher de s'assurer. « Qu'est-ce qu'on est supposé faire avec ça? »

**La perte de confiance**

M. et Mme B considèrent que la compagnie d'assurance Wawanesa les a arnaqués. Étant avec la même compagnie d'assurance depuis des années pour leur assurance maison, ils ont décidé de changer pour Wawanesa, car les primes étaient moins élevées pour la même protection. Jamais Wawanesa ne leur a demandé s'ils possédaient un casier judiciaire. Après deux ans, leur maison a été cambriolée. La valeur des biens volés s'élevait à 5 250 $. Un inspecteur de Wawanesa est venu constater les dommages et leur a posé des questions. M. B a mentionné que, par chance, les cambrioleurs n'avaient pas volé ses outils de mécanique dans son garage. L'inspecteur a alors demandé si M. ou Mme B avait un casier judiciaire. M. B a répondu qu'il avait un casier vieux de plus de 15 ans pour drogue et voie de fait, mais qu'il ne voyait pas l'intérêt de cette question. Quelque temps après, Mme B a reçu une lettre par huissier de Wawanesa lui disant qu'ils ne seraient pas indemnisés. Elle a contacté alors la compagnie. Elle finit par trouver quelqu'un qui veut bien lui dire de quoi il retourne. Le représentant lui dit qu'elle ne peut désormais plus être assurée avec eux à cause du casier judiciaire de son conjoint et du fait qu'il faisait du travail de mécanique au noir. Les primes payées depuis deux ans lui seraient remboursées. Devant cette injustice, Mme B a préparé un dossier et est allée à la Cour des petites créances. Jamais son mari n'a fait du travail de mécanique au noir, il aime seulement réparer ses propres voitures et, puisque personne de la compagnie ne lui a demandé s'il avait un casier judiciaire, elle n'a tout simplement pas pensé de le mentionner puisque qu'il s'agissait seulement d'une erreur de parcours et qu'il n'y avait aucun lien avec l'assurance habitation demandée.

En se rendant à la Cour, Mme B était assurée que celle-ci allait obliger la compagnie à les indemniser. Le juge a statué en faveur de la compagnie, au motif de fausse déclaration. Durant le procès, une représentante de Wawanesa a déclaré qu'elle avait posé la question à M. B et que celui-ci avait répondu qu'il ne possédait pas de dossier criminel. Jamais M. B. n'a parlé à une personne de Wawanesa. Mme B a été la seule à contacter la compagnie au cours des années où ils ont été assurés avec eux. Ce couple ne fait plus du tout confiance aux compagnies d'assurance et à la justice. Après cette affaire, ils ont tenté de se trouver une autre assurance, mais les compagnies qui voulaient bien les assurer demandaient des primes beaucoup trop élevées pour leurs moyens. M. B a obtenu son pardon, mais jamais depuis ils n'ont repris une assurance. « Ils trouveraient sans doute une excuse pour ne pas nous indemniser, de toute façon. » Le sentiment de colère et de frustration était encore bien présent dans les propos du couple malgré les années écoulées. Pendant plusieurs mois, ils n'osaient plus sortir de chez eux de peur que quelque chose n'arrive à la maison. Ils préfèrent maintenant oublier toute cette histoire.

**Autres cas**

Vol d'auto
Une compagnie refuse d'indemniser un assuré parce que, d'une part, il n'a pas déclaré qu'il possédait un casier judiciaire (sentence à vie pour meurtre), et d'autre part, il avait fait faillite sept ans auparavant. L'assuré est en libération conditionnelle depuis 10 ans. En conséquence, l'assuré doit continuer de payer pour son auto volée (528 $ par mois). Mais le plus important, selon lui, c'est l'effet psychologique de se faire répéter qu'il est un criminel dans une affaire qui n'a rien à voir avec son passé et sa vie depuis sa libération.

Incendie de l'automobile
Une compagnie indemnise pleinement l'assuré, mais l'informe par écrit qu'elle ne renouvelle pas ses assurances automobile et maison, sans formuler quelque raison que ce soit. C'est par téléphone que l'assuré apprend que c'est à cause de son casier judiciaire (sentence à vie pour meurtre). Après de multiples démarches, la compagnie se voit contrainte de l'assurer. La couverture est minimale, c'est-à-dire 50 000 $ pour sa responsabilité civile.

Demande d'assurance incendie et responsabilité civile
Le demandeur a une assurance automobile depuis six ans. En 2004, deux compagnies lui demandent s'il a un casier judiciaire (une condamnation pour culture de marijuana, en 2001). Devant sa réponse positive, il essuie deux refus. Il envisage de fermer sa compagnie informatique parce qu'il ne peut obtenir une assurance responsabilité qui réponde aux exigences de ses clients.

Résiliation de contrat
Après la diffusion d'un reportage dans le cadre de l'émission *La Facture* (Radio-Canada, 14 janvier 2003), la conjointe d'un détenu contacte sa compagnie d'assurance pour l'informer de sa situation. La compagnie résilie le contrat d'assurance.

Vol d'auto
Condamné pour meurtre et en libération conditionnelle, M. Y se fait voler son automobile d'une valeur de 10 000 $ environ. La compagnie refuse de l'indemniser. Après le dépôt d'une requête à la Cour du Québec (chambre civile), il y a règlement hors cours et l'Industrielle Alliance lui verse 7 710 $ en capital-intérêts et frais.

Vol d'auto
Un jeune homme, qui s'est engagé à pas troubler l'ordre public à la suite d'une accusation de vol/fraude, voit la compagnie d'assurance refuser d'indemniser ses parents pour un vol d'auto.

Résiliation de contrat
Après la diffusion d'un reportage dans le cadre de l'émission *La Facture* (Radio-Canada, 14 janvier 2003), un ex-détenu contacte sa compagnie d'assurance pour l'informer qu'il a un casier judiciaire et que sa dernière condamnation, pour vol qualifié, remonte à 1993. La compagnie lui envoie une lettre l'informant qu'elle résilie le contrat d'assurance. À la suite d'un appel téléphonique, la compagnie accepte de maintenir une partie de la couverture, c'est-à-dire l'incendie seulement, mais avec une franchise de 1 000 $ et à l'exclusion du vol. Évidemment, la conjointe ne peut obtenir une assurance avec une couverture plus large. Les compagnies sollicitées ont refusé de l'assurer.

**Conclusion**

Comme nous pouvons le constater, les conséquences financières et émotionnelles qu'entraînent les pratiques des compagnies d'assurance envers les personnes possédant un casier judiciaire sont importantes et bien réelles. Plusieurs de ces personnes ont des problèmes de santé qui sont liés au stress occasionné par leur situation et qui font obstacle à leur réhabilitation. En réalité, les compagnies d'assurance sont forcées de prendre des risques et, lorsqu'elles se trouvent en face d'un casier judiciaire, les risques deviennent encore plus sérieux.

# Chapitre 9

## Analyse

Des données recueillies, il ressort clairement qu'une partie de la jurisprudence est aujourd'hui moins favorable à l'assuré, que les compagnies d'assurance, pour leur part, sont de plus en plus réticentes à assurer les détenteurs d'un casier judiciaire et que non seulement les individus judiciarisés, mais aussi leurs conjoints et toute personne vivant sous leur toit sont refusés.

La position des compagnies d'assurance standards apparaît claire et sans ambiguïté à la lecture des témoignages rendus devant les tribunaux au cours des 20 dernières années, témoignages confirmés lors de nos entrevues. Pour plusieurs d'entre elles, le fait d'avoir des antécédents judiciaires, «sans égard à la nature de cet antécédent, sa gravité, le temps écoulé[1]», justifie un refus d'assurer, même si la Cour a statué en 2001 que «le refus systématique, par un assureur, d'accepter des propositions d'assurance dans les cas où le preneur ou son conjoint a des antécédents judiciaires est discriminatoire[2]».

Il est à noter que plusieurs compagnies d'assurance allèguent devant les tribunaux que le fait de posséder un casier judiciaire est un motif suffisant pour refuser d'indemniser les clients qui ne l'ont pas déclaré au moment de souscrire à une police d'assurance même si le délit commis n'a rien à voir avec l'objet de cette dernière.

Plusieurs décisions judiciaires[3] récentes corroborent l'idée qu'il doit y avoir un lien entre le délit et le genre d'assurance contracté pour refuser d'indemniser un assuré qui a un casier judiciaire.

À la suite des démarches que nous avons menées auprès de certaines compagnies d'assurance et auprès du (BAC), ainsi que de celles de l'émission *La facture* de Radio-Canada, menées simultanément par un pur hasard, le BAC (2003) a publié un rapport dans lequel est exposé le point de vue des assureurs.

En se basant sur la jurisprudence qui lui est favorable, le Bureau d'assurance du Canada (BAC) affirmait dans un communiqué «à l'usage exclusif et confidentiel des membres du BAC[4][…] que l'assuré [a] l'obligation de déclarer ses antécédents judiciaires, et ce, même en l'absence de question précise à cet effet» (p. 2).

De plus, «en ce qui concerne les causes pendantes, [le BAC juge] que l'obligation de déclarer de l'assuré subsiste, mais seulement s'il s'agit de poursuites et/ou causes pendantes qui ont une pertinence avec le risque à assurer... À [son] avis, avec ou sans question directe posée par l'assureur, l'assuré devrait déclarer tous ses antécédents criminels, et ce, même s'il a pu faire l'objet d'une absolution » (p. 2).

Par contre, «la nature de la réhabilitation [obtenue en vertu de la *Loi sur le casier judiciaire*] devrait faire en sorte que l'assuré n'a pas à déclarer ses antécédents criminels à son assureur aux termes de l'article 2408 C.C.Q., à moins que cela ne soit directement en réponse à une question posée».

On note que le BAC fait référence à la jurisprudence[5] qui va dans le sens d'une déclaration systématique du casier judiciaire sans prendre en compte les jugements[6] qui déterminent qu'il doit y avoir un lien entre le délit commis et le risque à assurer. De plus, nous notons que le BAC ne prend pas en considération les résultats d'une étude qu'il a subventionnée portant sur les fraudes en assurances générales, étude selon laquelle «il semble que le milieu des assurances surévalue le cynisme des assurés à leur endroit» et que les assureurs «surestiment également la proportion des assurés qui sont exposés à un environnement propice à la criminalité ou à la délinquance» (Tremblay et coll., 1992, p. 151 et 152).

Les détenteurs d'un casier judiciaire sont confrontés à l'une des deux possibilités de refus suivantes : soit ils sollicitent une police d'assurance, soit ils demandent une indemnisation à la suite d'un sinistre. Ces deux possibilités peuvent être envisagées du point de vue de la réhabilitation.

Il ressort des données recueillies que, lorsque des détenteurs d'un casier judiciaire font des démarches pour obtenir une police d'assurance ou demandent une indemnisation à la suite d'un sinistre, les compagnies standards déclarent systématiquement devant les tribunaux qu'elles considèrent le risque moral comme trop élevé pour accéder à leur demande.

Même si «le refus systématique d'assurer, dès qu'il y a un antécédent judiciaire, sans égard à la nature de cet antécédent, sa gravité, le temps écoulé ou l'indication d'une récidive paraît difficilement acceptable[7]», certaines compagnies d'assurance appliquent malgré tout cette politique. Cette dernière, tout en étant discriminatoire, fait fi de la notion de réhabilitation, car elle présume que toute personne ayant un casier judiciaire est de mauvaise foi. Dans les cas d'une demande d'indemnisation, les compagnies allèguent devant les tribunaux qu'il y a «réticence importante[8]» et que «c'est l'extrême bonne foi qui est de mise[9]». Cette attitude est étonnante lorsque l'on sait que, à un colloque organisé par le BAC, un intervenant a indiqué que la loi française de 1989 «exige des assureurs qu'ils posent à leurs clients des questions de plus en plus précises, ce qui fera apparaître avec beaucoup plus de netteté la bonne ou la mauvaise foi des réponses» (Moreau, 1992, p. 46).

Certains noteront que ce n'est pas aux compagnies d'assurance de définir ce qu'est la réhabilitation et qu'elles sont là pour faire des affaires d'abord et avant tout. Peut-on rejeter ce raisonnement sans regarder comment le législateur considère le concept de réhabilitation ?

Dans la *Loi sur le casier judiciaire*, le législateur, en 1970, n'a émis qu'un souhait, à savoir que «la condamnation à l'égard de laquelle le pardon est accordé ne *devrait*[10] plus nuire à sa réputation [...] et élimine toute déchéance que cette condamnation entraîne en vertu de toute loi du Parlement du Canada ou d'un règlement établi sous son règne» (art. 5). La philosophie pénale du XIX^e^ siècle telle qu'elle s'exprime dans les lois criminelles et le *Code criminel* et qui veut que le fait d'avoir purgé sa peine ait les mêmes effets qu'un pardon (philosophie qui a eu cours durant la première moitié du XX^e^ siècle) a été répudiée. Ainsi, «la *Loi sur le casier judiciaire* a étendu la stigmatisation sociale d'une condamnation sur la réputation d'une personne à des illégalités qui n'ont jamais suscité et ne suscitent pas encore cet opprobre dans l'opinion publique (Dumont, 1995, p. 114-115). Non seulement les condamnations en vertu du *Code criminel*, mais aussi les contraventions à toute «loi du Parlement du Canada ou d'un règlement qui en découle» entraîne l'inscription au casier judiciaire (art. 3).

Le Canada n'a pas comme d'autres pays introduit le principe d'une réelle réhabilitation dans le sens qu'elle vise la restitution de « l'honneur en même temps que la jouissance des droits du citoyen ».

Comment s'étonner que des entreprises privées discriminent les personnes ayant eu des démêlés avec la justice lorsque «l'État se fait partie prenante de cette situation en venant structurer dans ses lois des incapacités liées à la commission d'infractions criminelles et même au défaut de la personne de prouver sa 'bonne conduite'?» (Lescop et Massy, 1981, p. 11)

Maintenant, réfléchissons sur la situation qui prévaut lorsqu'il y a eu un sinistre, que le détenteur de la police d'assurance a un casier judiciaire et que la compagnie d'assurance l'ignorait.

C'est dans ces circonstances que le discours de certaines compagnies prend le plus d'importance puisqu'il se tient devant une instance officielle et publique et que celle-ci doit statuer en prenant en considération les intérêts des compagnies en cause.

Tout d'abord, nous remarquons que plusieurs compagnies d'assurance déclarent devant les tribunaux que non seulement elles-mêmes n'auraient pas assuré le client contestataire, mais également que les autres compagnies en auraient fait autant. Ces déclarations montrent bien qu'il y a une politique générale quant au refus d'assurer les détenteurs d'un casier judiciaire.

Notre enquête a également révélé que plusieurs compagnies refusent systématiquement toute demande de la part d'une personne qui a un casier judiciaire. À notre connaissance, cette exclusion n'est pas officiellement annoncée. Par conséquent, elle ne tient pas compte de la recommandation des tribunaux : «[S]i l'assureur estime qu'un casier judiciaire quel qu'il soit est suffisant pour lui faire refuser un risque, le Tribunal estime qu'il y aurait lieu pour lui de l'inclure dans les exclusions[11].»

Les refus d'indemniser ne donnent pas tous lieu à des contestations judiciaires, loin de là. Notre enquête menée auprès des personnes ayant eu des difficultés avec une compagnie d'assurance nous laisse croire que plusieurs personnes préfèrent trouver une solution plus ou moins intéressante plutôt que de devoir faire état publiquement de leurs déboires judiciaires et risquer de voir leur statut de criminel connu de tous. Devant les inconvénients, plusieurs renoncent à tenter de faire valoir leurs droits.

---

[1] *Wagner c. I.N.G.* (6), p. 534
[2] *Ibid.*, p. 533.
[3] *GMAC c. Ax* (56); *Charette c. Promutuel l'Abitibienne* (44); *Main c. Oppenheim (Lloyd's)* (45); *Arel c. Groupe Commerce* (58); *Ford c. La Garantie* (57); *Aubé c. Desjardins* (14), 1997 R.R.A. 622; *Murray Hill. c. Bélair* (12) et plus particulièrement *Bergeron c. Lloyd's*, Cour d'appel (19).
[4] Bureau d'assurance du Canada, 2003, p. 2-3.
[5] *Crédit Ford du Canada c. Fédération* (16).
[6] Voir note 3.
[7] Wagner (6), p. 533.
[8] Code civil du Québec, art. 2409.
[9] Wagner (6), p. 534.
[10] Nous soulignons.
[11] *Frigon c. Guardian du Canada* (15), p. 902, repris dans *Charette c. Promutuel l'Abitibienne* (44), paragraphe 15.

# Chapitre 10

# La réhabilitation

*Comme l'a montré Ernest Delaquis, au début du 20^e^ siècle,*
*le sujet du casier judiciaire est indissolublement lié*
*au problème de la réhabilitation,*
*prise au sens strict d'effacement*
*des effets d'une condamnation*
(Schultz, 1979, p. 54)

Le pardon semble être la solution pour éviter les effets négatifs du casier judiciaire. En effet, il s'agit bel et bien de l'objectif avoué de la *Loi sur le casier judiciaire* et plusieurs agents et courtiers d'assurance nous ont suggéré d'en obtenir un pour éviter les refus systématiques. Il importe de s'interroger sur l'efficacité réelle du pardon dans son but avoué de réhabilitation.

## Historique

France

La réhabilitation n'est pas une mesure récente. Déjà au Moyen Âge, ce concept se retrouve à l'occasion lors de l'octroi de certaines grâces. Donc, dans certaines circonstances, il était précisé, par le moyen d'une formule préétablie, que celui ou celle qui est l'objet d'une grâce l'est dans une perspective de réhabilitation, dans les termes suivants : «le remettons à sa bonne fame et renomé», ou bien : «le restablissons à sa bonne renommée et à son estat[1]»(Foviaux, 1970, p. 41). Ainsi, une personne condamnée à une peine afflictive pouvait parfois retrouver un emploi public ou son ancien métier et même éventuellement être accepté comme témoin devant une cour de justice. Cette prérogative a eu cours pendant tout l'Ancien Régime. L'Ordonnance criminelle de 1670 prévoyait le recours à la clémence du Prince «pour être réhabilité dans sa réputation, afin d'ôter la note d'infamie, ou la mort civile qui l'empêchait d'agir et lui ôtait les moyens de pouvoir subsister» (Constant, 1966, p. 1081).

> Constat de réinsertion sociale, la réhabilitation permet de restituer au bénéficiaire la quasi-totalité de son statut antérieur, quand le trouble a disparu et que le condamné s'est racheté depuis un certain temps par l'exécution de sa peine et son comportement postérieur. (Elek, 1988, p. 52)

À l'époque de la Révolution française, la grâce a été abolie, mais la réhabilitation a été maintenue et organisée par le *Code pénal* de 1791 dans lequel on trouve une section intitulée *De la réhabilitation des condamnés*, comprenant 13 articles. Dès l'origine, «la réhabilitation revêt un caractère solennel. Elle a lieu devant le tribunal criminel en présence des juges et du public» (Lascoumes et coll., 1989, p. 71).

Si le Conseil général de la commune donne un avis favorable, deux officiers municipaux accompagnent le condamné devant le tribunal et font à haute voix la déclaration suivante : «Un tel a expié son crime en subissant sa peine; maintenant sa conduite est impeccable; nous demandons au nom du pays que la tache de son crime soit effacée.» Sans délibération, le président du tribunal déclare : «Sur l'attestation et la demande de votre pays, la loi et le tribunal effacent la tache de votre crime» (art. 6 et 7).

Abolie par le Code pénal du 3 brumaire an IV (1793), la réhabilitation a été rétablie dans le *Code d'instruction criminelle* de 1810. Plusieurs lois ont modifié la procédure relative à l'octroi : loi relative à la réhabilitation en 1852, loi instituant la libération conditionnelle en 1885, loi réorganisant le casier judiciaire et introduisant le principe de la réhabilitation légale en 1899. Il y a deux conditions préalables avant que ne puissent intervenir la réhabilitation légale ou la réhabilitation judiciaire : que la peine prononcée ait été exécutée et que le temps de mise à l'épreuve prévue soit achevé[2].

La réhabilitation légale, dite de plein droit, s'acquiert de plein droit s'il n'y a pas de nouvelle condamnation criminelle ou correctionnelle dans le délai fixé au moment de la condamnation. Ce délai est de trois ans pour les amendes, de cinq ans pour une peine unique d'emprisonnement ne dépassant un an et de dix ans pour une peine unique d'emprisonnement n'excédant pas dix ans ou pour des condamnations multiples ne dépassant pas cinq ans (*Nouveau Code pénal*, art. 133-13; Poncela, 1955; Stefani et coll., 1997).

La réhabilitation judiciaire peut être sollicitée après l'exécution de la peine ou lorsque la prescription est acquise. Le délai d'épreuve est d'un an pour les peines contraventionnelles, de trois ans pour les condamnations correctionnelles et de cinq ans pour les condamnations à une peine criminelle. Dans les cas de récidive et pour les bénéficiaires d'une précédente réhabilitation, le délai est doublé pour les condamnations correctionnelles et criminelles (Poncela, 1955; Stefani et coll., 1997)[3].

La réhabilitation légale ou judiciaire «efface toutes les incapacités et déchéances qui résultent de la condamnation» (*Nouveau Code pénal*, art. 133-16; Soyer, 1987).

Belgique

La Belgique est devenue indépendante en 1832. Jusqu'à cette époque et dans les années qui ont suivi, le droit français a prévalu. La réhabilitation était organisée dans le *Code d'instruction criminelle* de 1867. Ces dispositions furent virtuellement abrogées par l'article 87 du *Code pénal*. Il a fallu attendre la loi du 25 avril 1896 pour que la réhabilitation soit rétablie dans le cadre d'une mesure judiciaire (Constant, 1966).

> Ouvrir au condamné la perspective d'une décision solennelle qui efface la souillure et restitue l'honneur en même temps que la jouissance des droits du citoyen, tel est, dans la conception du législateur, le mérite de la réhabilitation. L'espérance d'une rénovation complète offerte au condamné, comme récompense de ses efforts, constitue pour lui un stimulant précieux. (Exposé des motifs de la loi de 1896, dans Constant, 1966, p. 1092)

Il y a deux voies, depuis la loi de 1964, pour s'assurer de la disparition des effets de la condamnation pénale : l'effacement automatique de certaines condamnations après un délai préétabli et la réhabilitation judiciaire en matière pénale. Le législateur a facilité l'obtention de la réhabilitation en permettant que, malgré des condamnations relativement bénignes durant la période de mise à l'épreuve, il soit possible d'obtenir une réhabilitation et de voir ainsi les condamnations prises en compte retirées du casier judiciaire tout en maintenant les condamnations mineures intervenues durant la période de mise à l'épreuve, qui est de cinq ou dix ans minimum.

La loi de 1896 a été modifiée à plusieurs reprises, et la dernière modification remonte à 1997. L'effacement concernait «les peines de police, les peines d'emprisonnement correctionnel principal de six mois au plus, les peines d'amende correctionnelle ne dépassant pas 500 francs et les peines d'amende prononcées en vertu des lois coordonnées relatives à la police de la sécurité routière». Ainsi, si la loi de 1991 a élargi momentanément le champ d'application de l'effacement, la loi de 1997 relative au casier judiciaire central le rétrécit : seules les «condamnations à des peines de police sont effacées après un délai de trois ans à compter de la décision définitive qui les prononce» (art. 17, al. 2, cité dans Tulkens et coll., 1991/1999, p. 511 et 512). Cet effacement automatique ne prend en compte ni le comportement ni une récidive éventuelle.

Le but de la réhabilitation est de faire cesser «pour l'avenir, dans la personne du condamné, tous les effets de la condamnation, sans préjudice des droits acquis aux tiers. Notamment : elle fait cesser dans la personne du condamné les incapacités qui résultent de la condamnation; elle empêche que cette décision serve de base à la récidive, fasse obstacle à la condamnation conditionnelle ou soit mentionnée dans les extraits du casier judiciaire et du registre matricule militaire; elle ne restitue pas au condamné les titres, grades, fonctions, emplois et offices publics dont il a été destitué; elle ne le relève pas de l'indignité successorale; elle n'empêche ni l'action en divorce ou en séparation de corps, ni l'action en dommages-intérêts fondée sur la décision judiciaire» (art. 634 du *Code d'instruction criminelle*).

Le délai d'épreuve a été raccourci, il est maintenant de trois ans ou six ans dans les cas de récidive. La décision est rendue par la Chambre des mises en accusation qui procède et statue à huis clos. La loi de 1997 porte également que les frais de procédure seront à la charge du requérant et non plus à celle de l'État comme antérieurement (Tulkens et coll., 1999).

Canada

> Lorsqu'un délinquant, convaincu d'une infraction [félonie] non punissable de mort, aura subi la punition à laquelle il a été condamné, ou si cette infraction [félonie] entraîne la peine de mort et que la sentence ait été commuée, alors, si le délinquant a subi la peine en laquelle sa sentence a été commuée, la punition ainsi subie aura le même effet et les mêmes conséquences qu'un pardon sous le grand sceau, quant à l'infraction [félonie] dont le délinquant aura ainsi été convaincu. (*Actes concernant la Procédure dans les causes criminelles ainsi que certaines autres matières relatives à la loi criminelle*, 1869, art. 128; *Actes concernant les peines, pardons et commutations de sentences*, SRC, chap. 181, 1886, art. 41; *Code criminel*, 1892, art. 968; *Code criminel*, 1947, art. 1078).

On peut constater que, pour le législateur, le fait de purger une peine est l'équivalent d'un pardon. Par conséquent, on doit considérer le condamné après sa peine comme une personne libre de toute séquelle due à sa condamnation.

Malheureusement, malgré cet esprit de la loi, dans les faits «la divulgation du dossier criminel des délinquants met sérieusement leur réhabilitation en danger et, par là, risque d'annihiler le processus correctionnel» (Ouimet et coll., 1969, p. 445).

Le Comité Ouimet met en évidence le fait qu'il est relativement facile d'obtenir des informations sur les condamnations criminelles et que «cette divulgation trop répandue peut inutilement causer du tort au délinquant» (Ouimet et coll., 1969, p. 445). Le Comité recommande que «les infractions punissables sur déclaration sommaire de culpabilité [délit] soient invalidées automatiquement lorsque deux années se sont écoulées, sans nouvelle infraction, depuis l'expiration de la peine [...]; qu'un casier judiciaire invalidé ne soit pas remis en usage, advenant une nouvelle condamnation sur déclaration sommaire de culpabilité, la nouvelle infraction devant être considérée comme un premier délit» (p. 447-448).

En ce qui concerne les actes criminels, après enquête de la part de la Commission nationale des libérations conditionnelles (CNLC), ils pourraient être invalidés si la CNLC estime que leurs auteurs sont réhabilités.

À la suite de la publication du rapport Ouimet, le législateur fédéral a adopté la *Loi sur le casier judiciaire* en 1970.

Comme le note Dumont (1995), «le casier judiciaire est devenu dans la société moderne l'incarnation même du stigmate de la criminalité» (p. 108).

Cette loi avait officiellement comme premier objectif celui de la réhabilitation. Il ressort de l'analyse de son contenu que l'adoption de la loi a conforté ceux et celles qui considèrent les criminels comme des personnes dont il faut se méfier. En effet, avant l'introduction de la loi, les préjugés étaient fondés sur la perception historique que le criminel est un mauvais élément au sein de la société. L'adoption de la loi a formalisé ce préjugé et l'a transformé en une norme juridique selon laquelle celui qui n'a pas obtenu un pardon peut être, sinon doit être, effectivement stigmatisé. Sous prétexte de mansuétude, le législateur a au contraire élargi le champ de la stigmatisation à des infractions sommaires et réglementaires et aux violations de lois fédérales qui n'ont pas le caractère d'un crime au sens du *Code criminel* (voir art. 3 de la Loi de 1992). Pour Dumont (1995), «la *Loi sur le casier judiciaire* a étendu la stigmatisation sociale d'une condamnation sur la réputation d'une personne à des illégalités qui n'ont jamais suscité et ne suscitent pas encore cet opprobre dans l'opinion publique» (p. 114-115).

L'information contenue dans le casier judiciaire est un autre aspect qui mérite d'être considéré. En effet, la loi finalement a pour conséquence première, lors de l'octroi d'un pardon, d'amener le transfert de l'information contenue dans le casier judiciaire rattaché à la banque principale de données dans un autre fichier. Finalement, le pardon n'est qu'un moyen pour rendre en partie inaccessible l'information relative aux condamnations. Elle n'est pas un rétablissement de l'honorabilité du condamné puisque celui-ci doit continuer d'admettre qu'il a subi une condamnation, mais il peut arguer du fait qu'il a obtenu un pardon. De plus, comme il s'agit d'une loi fédérale celle-ci n'a d'application qu'au niveau fédéral, par conséquent, les corps policiers provinciaux ne sont pas tenus légalement à la discrétion. D'ailleurs, selon Claude Gauthier, inspecteur chef, responsable de la Division des affaires internes de la police de Montréal, «l'effacement du casier judiciaire n'affecte en rien le système d'information policière» (Québec [CDP] c. CUM, paragraphe 43).

Dans une brochure parue en 1978, on peut lire ce qui suit : «Un pardon en vertu de la Loi sur le casier judiciaire constitue une reconnaissance officielle de la réinsertion sociale de l'individu qui, s'étant réadapté avec succès, a droit à tous les avantages que la société peut offrir. À la suite du pardon, le dossier de l'infraction en cause doit être conservé à part des autres dossiers relatifs à des affaires criminelles» (CNLC, 1978, p. 2).

> Le pardon n'efface pas le fait que vous avez été trouvé(e) coupable d'une infraction. Il constitue la preuve que la condamnation ou déclaration de culpabilité ne devrait plus refléter défavorablement sur cette personne et que toute incapacité résultant de cette condamnation devrait être annulée (Canada, 1978, p. 9; CNLC, 1978, p. 7-8).

Il est à noter que les personnes acquittées et dont on a pris les empreintes digitales en vertu de la *Loi sur l'identification des criminels* ont souvent de la difficulté à faire retirer ou à faire effacer du casier judiciaire les données les concernant.

Les modifications qui ont été introduites lors de l'adoption de la *Loi modifiant la Loi sur le casier judiciaire* et d'autres lois apparentées ont confirmé que l'aspect banque de données a été accentué par la mise en place de sous-fichiers spécialisés ou la confirmation de ceux-ci. En effet, Perrin Beatty, solliciteur général en 1977, chiffrait à 10 000 le nombre de personnes incluses dans un fichier contenant des observations, qui selon l'avis de la police ont commis un crime, mais contre lesquelles il n'y a pas de preuves suffisantes pour les poursuivre, ou encore par rapport à des personnes considérées comme dangereuses. Il notait que l'on « trouve dans ce fichier le nom de personnes qui n'ont jamais fait l'objet d'accusation. Tout ce que la police a à faire : c'est d'inclure le nom d'une personne dans cette banque informatisée de renseignements. L'information y restera de façon indéfinie et sera disponible pour tous les corps policiers du Canada et des U.S.A. Aucune mesure n'est prise pour mettre la personne concernée au courant qu'elle est ainsi fichée. Tout ce qu'il faut c'est l'allégation de la part d'un policier que cette personne est suspecte et peut-être impliquée dans un crime dont elle n'a cependant jamais été formellement accusée » (Dumont, 1995, p. 117).

Le Tribunal des droits de la personne confirme l'existence d'une banque de données générales gérée par la GRC, le *Personal Information Retrieval System* (PIRS), qui contient des informations de toute nature sur la conduite d'une personne[4].

Depuis l'adoption de la loi de 1992, «une réhabilitation entraîne le classement de votre casier judiciaire à part des autres dossiers judiciaires et le retrait de votre casier judiciaire du Centre d'information de la police canadienne (CIPC)», selon la CNLC (2005, question 7). La CNLC ne fait plus référence au libellé de la loi. «La GRC conserve également depuis 1992 une base de données distincte sur les adultes réhabilités. Celle-ci [contenait] plus de 90 000 dossiers actifs vers l'an 2000» (Wallace-Capretta, 2000, p. 17) (on peut se demander où étaient classés les dossiers avant 1992). Si l'on comptabilise le nombre de réhabilitations (pardons) octroyées et délivrées entre 1992-1993 et 1999-2000, on arrive à un total concordant avec l'estimation de Wallace-Capretta (voir les tableaux 11 et 12). Donc, la GRC accorde une attention particulière à toutes les personnes réhabilitées. Quel genre d'attention?

La loi de 1992 a également élargi la notion juridique de condamnation en précisant que celle-ci correspond à toute peine ou sentence prononcée en vertu du *Code criminel*. Aujourd'hui, il n'y a plus d'ambiguïté pour les personnes recevant une absolution conditionnelle ou inconditionnelle puisque celles-ci sont maintenant considérées comme des peines au sens du *Code criminel*, même si les personnes sont «réputé(es) ne pas avoir été condamné(es) à l'égard de l'infraction» (*Code criminel*, art. 730[3]). Dumont (1995) confirme cette analyse puisque, selon elle, «le législateur de 1992 persiste toutefois dans son intention d'attribuer un casier judiciaire à la personne absoute [...]. L'on doit toujours affirmer qu'une ordonnance d'absolution confère un casier judiciaire à son titulaire puisque le *Code criminel* inclut cette mesure pénologique dans son concept de peine et de sentence[5]» (p. 121-122).

Par contre, les personnes obtenant une absolution conditionnelle ou inconditionnelle bénéficient automatiquement d'un retrait de cette mention du casier judiciaire, c'est-à-dire sans avoir à en faire la demande, après trois ans dans le premier cas et un an dans le second (art. 6.1).

Depuis l'adoption des modifications de 1992, les demandes de pardon sont traitées par la Commission des libérations conditionnelles sur dossier comme le recommandait le Comité Ouimet en 1969. Si la Commission estime devoir refuser la réhabilitation, elle doit en avertir le requérant qui aura la possibilité de faire valoir son point de vue. Nous n'entrerons pas dans les détails de la procédure parce que celle-ci déborde le cadre de notre ouvrage. La réhabilitation administrative ainsi obtenue n'a pour conséquence qu'un retrait de l'information du fichier informatisé des condamnations. Il suffit d'une nouvelle condamnation pour un acte criminel pour annuler la réhabilitation administrative (article 7.2), contrairement à la réhabilitation en droit français qui est définitive puisque l'information est détruite. En cas d'une condamnation pour une infraction sommaire, la Commission peut révoquer la réhabilitation, mais doit en informer la personne concernée pour lui permettre de faire éventuellement valoir ses arguments.

Depuis l'adoption de la loi de 1992, la demande de réhabilitation n'est plus gratuite comme antérieurement. En effet, en 1995-1996 la CNLC a commencé à exiger un droit de 50 $ aux demandeurs de réhabilitation[6] ; en 1997, des frais supplémentaires sont exigés des services de police et des tribunaux pour des documents requis par la CNLC, dont la vérification des empreintes jointes à la demande[7]. D'ailleurs, lorsque l'on prend connaissance du document préparé par le gouvernement du Canada (1991) en vue de la modification de la *Loi sur le casier judiciaire,* on constate que l'aspect économique est éminemment présent. En effet, le comité interministériel qui a eu pour mandat d'analyser la situation «n'a pas examiné l'objet et les principes de la réhabilitation, mais s'est plutôt concentré sur les changements législatifs qui permettraient d'axer les ressources sur les cas plus sérieux, de réduire le délai de traitement des demandes et les coûts connexes, de corriger les anomalies existantes et de donner suite aux critiques formulées dans le cadre de consultations antérieures» (Canada, 1991, p. 2).

Dans un premier temps, voici trois tableaux qui présentent le nombre de demandes de réhabilitation présentées à la CNLC; le nombre de réhabilitations (pardons) octroyées, délivrées ou refusées par celle-ci à la suite d'une enquête plus ou moins poussée, en vertu de la loi de 1992, ainsi que le nombre de pardons cumulatifs depuis 1992 et le nombre de pardons retirés.

Tableau 11
Demandes de réhabilitation (pardons), 1993-2007

| | Demandes reçues | Demandes acceptées | % | Durée moyenne du traitement des dossiers en mois | Informations pertinentes |
|---|---|---|---|---|---|
| 92-93 | | | | | Entrée en vigueur de la nouvelle loi |
| 93-94 | 28 999 | 17 565 | 61 | 8 | Mise en place d'un nouveau système de traitement des dossiers |
| 94-95 | 30 111 | 21 218 | 70 | 7 | |
| 95-96 | 22 749 | 15 040 | 66 | 7 | Le 26 avril 1995 la CNLC exige des droits de 50$ pour l'étude d'une demande de réhabilitation |
| 96-97 | 22 203 | 14 682 | 66 | 7 | Nouvelle politique mise en place par la CNLC en avril 1997 : Prise d'empreintes digitales (25 $) Preuve de casier judiciaire (25 $) Dossier de la police locale (30 $) Preuve d'exécution d'ordonnance des tribunaux (7 $) |
| 97-98 | 21 012 | 8 567 | 41 | 6 | Le délai de traitement passe de 8 à 6 mois entre 1993 et 1998 |
| 98-99 | 22 157 | 12 192 | 55 | 11 | Mise en place d'un nouveau système de traitement des demandes de réhabilitation (STDR) |
| 99-00 | 22 667 | 14 408 | 64 | 13 | |
| 00-01 | 19 018 | 4 946 | 26 | 18 | Entrée en fonction du STDR à l'automne 2000 |
| 01-02 | 18 016 | 18 318 | 103 | 20 | |
| 02-03 | 16 989 | 15 248 | 90 | 17 | |
| 03-04 | 16 912 | 16 696 | 99 | 17 | |
| 04-05 | 16 958 | 19 681 | 116 | 12 | |
| 05-06 | 27 966 | 12 705 | 45 | 11 | Mise en fonction d'un nouveau système STDR-R en décembre 2005 |
| 06-07 | 26 319 | 27203 | | 13 Poursuites sommaires 1 à 2 Actes criminels | |

(Sources : Commission nationale des libérations conditionnelles, 1998, 2000, 2003, 2006, 2007).

Le tableau 11 montre que le nombre de demandes de pardon fluctue considérablement d'une année à l'autre. À cet égard, la Commission nationale des libérations conditionnelles (2006) admet qu'elle «ne fait pas de publicité pour le programme de réhabilitation» (p. 226).

Il semble que les réhabilitations soient en lien avec la publicité provenant des nouvelles ou des reportages diffusés par les médias. Par exemple, après l'adoption de la loi de 1992, on a constaté que le nombre de demandes augmentait. Mais ce nombre varie aussi suivant les exigences de la CNLC. Ainsi, on observe que, depuis que la CNLC impose un droit de 50 $ et que de nouvelles démarches sont nécessaires pour remplir la demande, le nombre de demandes est moins nombreux que dans les années 1993 à 1995.

Il y a également l'intérêt que les personnes peuvent avoir à obtenir un pardon pour une question de travail, de voyage ou autre. À cet intérêt s'ajoute l'efficacité, réelle ou supposée, de l'obtention d'un pardon, puisque les médias font régulièrement référence à des refus d'emploi ou à des problèmes pour ceux et celles qui veulent se rendre aux États-Unis. Il est indéniable que plusieurs personnes ayant obtenu un pardon sont malgré tout victimes de discrimination.

**Tableau 12**

Réhabilitations (pardons) octroyées, délivrées et refusées (1987-2006)

| | Octroyées | % | Délivrées | % | Total | % | Refusées | % | Demandes traitées |
|---|---|---|---|---|---|---|---|---|---|
| 87-88 | 11 360 | | -- | 100 | 11 360 | | | | |
| 88-89 | 9 869 | | -- | 100 | 9 869 | | | | |
| 89-90 | 9 710 | | -- | 100 | 9 710 | | | | |
| 90-91 | 8 374 | | -- | 100 | 8 374 | | | | |
| 91-92 | 9 475 | | -- | 100 | 9 475 | | | | |
| 92-93 | 23 457 | | 5 748 | | 29 205 | | | | |
| 93-94 | 14 915 | | 4 446 | | 19 361 | | | | |
| 94-95 | 18 668 | 77 | 5 227 | 22 | 23 895 | 99 | 228 | 1 | 24 123 |
| 95-96 | 11 012 | 69 | 4 389 | 30 | 15 401 | 99 | 172 | 1 | 15 573 |
| 96-97 | 12 566 | 71 | 4 963 | 28 | 17 529 | 99 | 184 | 1 | 17 713 |
| 97-98 | 4 873 | 62 | 2 760 | 35 | 7 633 | 97 | 160 | 2 | 7 813 |
| 98-99 | 3 594 | 65 | 1 882 | 34 | 5 476 | 99 | 52 | 1 | 5 528 |
| 99-00 | 3 129 | 53 | 2 732 | 46 | 5 861 | 99 | 44 | 1 | 5 905 |
| 00-01 | 7 495 | 52 | 6 700 | 47 | 14 195 | 99 | 84 | 1 | 14 279 |
| 01-02 | 10 725 | 63 | 5 920 | 35 | 16 645 | 98 | 409 | 2 | 17 054 |
| 02-03 | 7 204 | 49 | 7 232 | 49 | 14 436 | 98 | 286 | 2 | 14 722 |
| 03-04 | 8 761 | 55 | 6 832 | 43 | 15 593 | 98 | 265 | 2 | 15 858 |
| 04-05 | 17 800 | 78 | 4 745 | 21 | 22 545 | 98 | 375 | 2 | 22 920 |
| 05-06 | 3 951 | 46 | 4 402 | 51 | 8 353 | 98 | 196 | 2 | 8 549 |
| 06-07 | 7 076 | 48 | 7 672 | 52 | 14 748 | 99 | 103 | 1 | 14 851 |

Sources : Commission nationale des libérations conditionnelles 1998, 2000, 2003, 2006, 2007; Wallace-Capretta, 2000 .

Définitions :

Octroyé signifie qu'un agent, à la suite d'une enquête poussée, a fait une recommandation et qu'au moins un commissaire a rendu une décision positive, afin d'octroyer une réhabilitation au demandeur qui a été condamné à la suite d'une mise en accusation.

Délivré signifie qu'un agent, à la suite d'une analyse documentaire du dossier, a délivré une réhabilitation au demandeur, qui a été condamné à l'issue d'une poursuite judiciaire sommaire. Les absolutions, conditionnelles ou inconditionnelles, relèvent de la GRC.

**Tableau 13**

Nombre cumulatif de réhabilitations (pardons) octroyées et délivrées, révoquées et annulées (1992-1993 à 2005-2006)

| | Cumulatif octroyées et délivrées | Révoquées ou annulées par la CNLC | Cumulatif révoquées et annulées | Taux cumulatif |
|---|---|---|---|---|
| 1990 | 98 476 | | 1 177 | |
| 92-93 | 150 960 | 160 | 1 534 | 1,02 |
| 93-94 | 170 321 | 723 | 2 257 | 1,33 |
| 94-95 | 194 216 | 762 | 3 019 | 1,55 |
| 95-96 | 209 617 | 1 089 | 4 108 | 1,96 |
| 96-97 | 227 146 | 1 272 | 5 380 | 2,37 |
| 97-98 | 234 778 | 666 | 6 046 | 2,58 |
| 98-99 | 240 255 | 684 | 6 730 | 2,80 |
| 99-00 | 246 116 | 643 | 7 373 | 3,00 |
| 00-01 | 260 311 | 542 | 7 915 | 3,00 |
| 01-02 | 276 956 | 463 | 8 378 | 3,02 |
| 02-03 | 291 392 | 902 | 9 280 | 3,18 |
| 03-04 | 306 985 | 1 314 | 10 594 | 3,45 |
| 04-05 | 329 530 | 557 | 11 151 | 3,38 |
| 05-06 | 337 883 | 456 | 11 607 | 3,43 |
| 06-07 | 352 632 | 2 397 | 14 004 | 3,97 |

Sources : Commission nationale des libérations conditionnelles 1991, 1998, 2000, 2003, 2006, 2007.

Le tableau 12 montre que le nombre de réhabilitations (pardons) octroyées varient considérablement selon les années concernées. Évidemment, les chiffres sont fonction, entre autres, du nombre de demandes soumises. Le nombre de demandes dépend de plusieurs facteurs dont l'influence est plus ou moins mesurable.

Tout d'abord, il y a maintenant les droits à payer et les démarches à effectuer pour obtenir toute la documentation nécessaire. Nous constatons que l'instauration de frais et les exigences relatives aux documents que doit produire le demandeur, et non pas les instances judiciaires et policières comme auparavant, ont fait chuter considérablement le nombre de demandes acceptées en 1997-1998, 1998-1999 et 1999-2000.

Les nouvelles politiques mises en place par la CNLC en avril 1997 semblent avoir eu un effet considérable à court terme sur le nombre de réhabilitations (pardons) octroyées. Le nouveau système de traitement des demandes n'a certainement pas eu l'efficacité prévue.

Le nombre de demandes de réhabilitation (pardons) refusées est très bas, puisqu'il est de l'ordre de 1 à 2 %.

---

[1] Il s'agit de l'orthographe originale.

[2] Foviaux (1970) décrit quelques modalités d'application de la réhabilitation au cours du XIXe siècle (p. 96-97).

[3] Floviaux (1970) donne quelques précisions techniques sur les dispositions relatives à l'octroi d'une réhabilitation judiciaire d'abord, légale ensuite (p. 112-119).

[4] *Commission des droits de la personne et des droits de la jeunesse c. Communauté urbaine de Montréal* (service de police), paragraphe 59.

[5] Le tribunal des droits de la personne (Québec) reprend également cette analyse dans *Commission des droits de la personne et des droits de la jeunesse c. Communauté urbaine de Montréal (service de police)*.

[6] CNLC, 1997, p. 6; CNLC, 2006, p. 226.

[7] CNLC, 2003, p. 179.

# *Chapitre 11*

# Réflexions du la réhabilitation

Le concept de réhabilitation (pardon) mérite d'être examiné de près afin de mieux cerner ce qu'il contient et ce qu'il prévoit au Québec et au Canada.

Nous allons examiner les textes juridiques qui traitent de la réhabilitation (pardon) pour en dégager une ou plusieurs définitions en rapport avec la réalité. Tout d'abord la *Loi sur le casier judiciaire* a été promulguée en 1970 et a été amendée en 1972 1985, 1992, 2000 et 2004. La modification de 2004 n'est pas à retenir pour notre analyse. Nous citerons des extraits pertinents et significatifs des lois qui permettront de comprendre son évolution.

**Les législations**

En 1970, est adoptée la *Loi relative au relèvement des personnes déclarées coupables d'infractions et qui se sont amendées par la suite,* dite *Loi sur le casier judiciaire*, S.R.C. 1970, ch. 12 (1er suppl.)

> 2. (1) Pardon
> Signifie un pardon accordé par le gouverneur en conseil en vertu du paragraphe 4(5).
>
> Demande de pardon
> 3. Une personne déclarée coupable d'une infraction en vertu d'une loi du Parlement du Canada ou d'un règlement qui en découle peut présenter une demande de pardon à l'égard de cette infraction.
>
> Effet de l'octroi du pardon
> 5. L'octroi d'un pardon
> *a*) est la preuve du fait que la Commission (CNLC), après avoir effectué une enquête suffisante, est convaincue que le requérant a eu une bonne conduite et que la condamnation à l'égard de laquelle le pardon est accordé ne devrait plus nuire à sa réputation; et

*b*) à moins que le pardon ne soit révoqué par la suite, annule la condamnation pour laquelle il est accordé et, sans restreindre la portée générale de ce qui précède, élimine toute déchéance que cette condamnation entraîne, pour la personne ainsi déclarée coupable, en vertu de toute loi du Parlement du Canada ou d'un règlement établi sous son régime.

La loi est amendée en 1972, et deux paragraphes sont ajoutés à l'article 2.

> 2. (2) La présente loi s'applique à une personne à qui a été accordée une libération inconditionnelle ou sous condition en vertu de l'art. 662.1 du C. cr. comme si elle avait été déclarée coupable de l'infraction pour laquelle la libération a été accordée [...]
>
> (3) Les expressions « déclaration de culpabilité » et « déclaré coupable », là où elles figurent dans la présente loi, doivent se lire de façon à donner effet au paragraphe (2).

En 1985, la loi change de nom et devient la *Loi relative à la réhabilitation des condamnés qui se sont réadaptés.*

> *Loi sur le casier judiciaire*, L.R.C. 1985, ch. C-47
>
> 2. (1) Réhabilitation
> La réhabilitation accordée par suite de la décision du gouverneur en conseil.
>
> (2) La présente loi s'applique à une personne à qui a été accordée une absolution inconditionnelle ou sous condition en vertu de l'article 736 du C. cr. comme si elle avait été déclarée coupable de l'infraction pour laquelle la libération a été accordée [...]
>
> (3) Pour l'application de la présente loi mais sous réserve du paragraphe 4(3), les personnes absoutes conditionnellement ou non, aux termes de l'article 736 du C. cr., sont réputées avoir été condamnées pour l'infraction en cause.

Demande de réhabilitation

3. Toute personne condamnée pour une infraction à une loi fédérale ou à ses règlements peut présenter une demande de réhabilitation au ministre à l'égard de cette infraction.

Effet de l'octroi de la réhabilitation

5. Effacement de condamnation
*a*) d'une part, elle sert de preuve du fait que la Commission (CNLC), après avoir mené les enquêtes appropriées, a été convaincue que le demandeur s'est bien conduit et que la condamnation en cause ne devrait plus ternir sa réputation;
*b*) d'autre part, sauf révocation ultérieure, elle efface les conséquences de la condamnation et, notamment, fait cesser toute incapacité que celle-ci pouvait entraîner aux termes d'une loi fédérale ou de ses règlements.

*Loi sur le casier judiciaire*, L.R.C. 1985, ch. C-47 telle que modifiée par L.C. 1992, c. 22

2. (1) Réhabilitation
La réhabilitation octroyée ou délivrée par suite de la décision de la Commission (CNLC).

2. (3) Abrogé

2.1 La Commission (CNLC) a compétence exclusive en matière d'octroi, de délivrance, de refus et de révocation des réhabilitations.

Demande de réhabilitation
3. (1) Toute personne condamnée pour une infraction à une loi fédérale ou à ses règlements peut présenter une demande de réhabilitation à la Commission (CNLC) à l'égard de cette infraction et un délinquant canadien – au sens de la *Loi sur le transfèrement international des délinquants* transféré au Canada par application de cette loi peut présenter une demande de réhabilitation à l'égard de l'infraction dont il a été déclaré coupable.

Effet de l'octroi de la réhabilitation

5. Effacement de la condamnation
La réhabilitation a les effets suivants :
a) d'une part, elle sert de preuve des faits suivants:
(i) dans le cas d'une réhabilitation octroyée pour une infraction visée à l'alinéa 4a), la Commission (CNLC), après avoir mené les enquêtes appropriées, a été convaincue que le demandeur s'est bien conduit,
(ii) dans le cas de toute réhabilitation, la condamnation en cause ne devrait plus ternir la réputation du demandeur;
b) d'autre part, sauf cas de révocation ultérieure ou de nullité, elle efface les conséquences de la condamnation et, notamment, fait cesser toute incapacité — autre que celles imposées au titre des articles 109, 110, 161 et 259 du Code criminel ou du paragraphe 147.1(1) de la Loi sur la défense nationale — que celle-ci pouvait entraîner aux termes d'une loi fédérale ou de ses règlements.

6.1(1) Absolutions
Nul ne peut communiquer tout dossier ou relevé attestant d'une absolution que garde le commissaire (de la GRC) ou un ministère ou un organisme fédéral, en révéler l'existence ou révéler le fait de l'absolution sans l'autorisation préalable du ministre suivant l'écoulement de la période suivante :

a) un an suivant la date de l'ordonnance inconditionnelle;
b) trois ans suivant la date de l'ordonnance sous condition.

*Loi sur le casier judiciaire*, L.R.C. 1985, ch. C-47 dans la version en vigueur le 1er août 2000

2. (1) La Commission (CNLC) a compétence exclusive en matière d'octroi, de délivrance, de refus et de révocation des réhabilitations.

Réhabilitation
La réhabilitation octroyée ou délivrée par suite de la décision de la Commission (CNLC).

Demande de réhabilitation

3. (1) Toute personne condamnée pour une infraction à une loi fédérale ou à ses règlements peut présenter une demande de réhabilitation à la Commission (CNLC) à l'égard de cette infraction et un délinquant canadien – au sens de la *Loi sur le transfèrement international des délinquants* – transféré au Canada par application de cette loi peut présenter une demande de réhabilitation à l'égard de l'infraction dont il a été déclaré coupable.

Effet de la réhabilitation

5. Effacement de condamnation
La réhabilitation a les effets suivants :
*a*) d'une part, elle sert de preuve des faits suivants :
(i) dans le cas d'une réhabilitation octroyée pour une infraction visée à l'alinéa 4*a*), la Commission, après avoir mené les enquêtes, a été convaincue que le demandeur s'est bien conduit;
(ii) dans le cas de toute réhabilitation, la condamnation en cause ne devrait plus ternir la réputation du demandeur;
*b*) d'autre part, sauf cas de révocation ultérieure ou de nullité, elle entraîne le classement du dossier ou du relevé de la condamnation à part des autres dossiers judiciaires et fait cesser toute incapacité – autre que celles imposées au titre des articles 109, 110, 161, et 259 du *Code criminel* ou du paragraphe 147.1(1) de la *Loi sur la défense nationale* – que la condamnation pouvait
entraîner aux termes d'une loi fédérale ou de ses règlements.

6.1(1) Absolutions
Nul ne peut communiquer tout dossier ou relevé attestant d'une absolution que garde le commissaire (de la GRC) ou un ministère ou un organisme fédéral, en révéler l'existence ou révéler le fait de l'absolution sans l'autorisation préalable du ministre suivant l'écoulement de la période suivante :

c) un an suivant la date de l'ordonnance inconditionnelle;
d) trois ans suivant la date de l'ordonnance sous condition.

En 1970, c'était l'article 662.1, qui parlait de «libération» dans les termes suivants :

(1) *Lorsqu'un accusé autre qu'une corporation, plaide coupable ou est reconnu coupable d'une infraction autre qu'une infraction pour laquelle la loi prescrit une peine minimale ou qui est punissable, à la suite des procédures entamées contre lui, d'un emprisonnement de quatorze ans, de l'emprisonnement à perpétuité ou de la peine de mort, la cour devant laquelle il comparaît peut, si elle considère qu'une telle mesure est dans l'intérêt véritable de l'accusé sans nuire à l'intérêt public, au lieu de condamner l'accusé, prescrire par ordonnance qu'il soit libéré inconditionnellement ou aux conditions prescrites dans une ordonnance de probation.*

En 1985, l'article 736 a introduit de terme «absolution». Depuis 1995, l'absolution est codifiée à l'article 730.

Le *Code criminel* a été remanié en 1985 et amendé en 1997 pour adopter l'article 730 tel que nous le connaissons aujourd'hui. Les modifications de l'article 736, par rapport à 1985, ne sont pas déterminantes.

*Code criminel*, L.R.C. 1985, ch. C-46 :

> 730. (1) Absolution inconditionnelle et sous condition
> Le tribunal devant lequel comparaît un accusé, autre qu'une personne morale, qui plaide coupable ou est reconnu coupable d'une infraction pour laquelle la loi ne prescrit pas de peine minimale ou qui n'est pas punissable (à la suite des poursuites engagées contre lui[1]) d'un emprisonnement de quatorze ans ou de l'emprisonnement à perpétuité peut, s'il considère qu'il y va de l'intérêt véritable de l'accusé sans nuire à l'intérêt public, au lieu de le condamner, prescrire par ordonnance qu'il soit absous inconditionnellement ou aux conditions prévues dans une ordonnance rendue aux termes du paragraphe 731(2).
>
> (3) Conséquence de l'absolution
> Le délinquant qui est absous en conformité avec le paragraphe (1) est réputé ne pas avoir été condamné à l'égard de l'infraction;

**Analyse de la législation**

Analysons maintenant le contenu de la législation afin de mieux la comprendre. Nous examinerons successivement la *Loi sur le casier judiciaire* et le *Code criminel*.

Tout d'abord, il convient de noter que l'amendement de 1972 spécifie que les personnes ayant bénéficié d'une libération inconditionnelle ou conditionnelle sont considérées individuellement comme si elles avaient été déclarées coupables. Cette formulation est conservée en 1985.

En 1985, il y a eu des changements dans le vocabulaire. Ainsi les termes «pardon» et «libération» sont remplacés respectivement par les termes «réhabilitation» et «absolution». Pas de quoi fouetter un chat ! Ces nouveaux termes ne changent en rien l'application du principe de justice ni la philosophie de la loi.

Au cours de ces années il y a eu un changement majeur en ce qui concerne les personnes qui peuvent demander un pardon (réhabilitation). À l'origine toute personne ayant été condamnée en vertu du *Code criminel* ou ayant reçu une libération inconditionnelle ou conditionnelle pouvait demander un pardon, si elle répondait aux critères établis par la loi. Depuis 1992, le changement concerne les personnes ayant reçu une absolution (libération) inconditionnelle ou conditionnelle. En effet, le pardon (réhabilitation) leur est accordé automatiquement si elles n'ont pas été condamnées pour une autre infraction au cours du délai prescrit par la loi. Le libellé précédent («comme si elle avait été déclarée coupable») est retiré de la loi, mais l'esprit demeure puisque pour obtenir une réhabilitation il faut avoir été condamné ou être considéré comme tel. Ce changement de procédure facilite l'octroi de la réhabilitation pour ces personnes, mais rien ne change fondamentalement encore une fois. Les modifications apportées confirment la position des parlementaires.

Ainsi, la loi de 1992 a confirmé le fait que les personnes ayant reçu une absolution (libération) inconditionnelle ou conditionnelle avaient et ont toujours un casier judiciaire. Malgré tout, la confusion persiste et les médias continuent à prétendre que les personnes ayant reçu une absolution (libération) inconditionnelle ou conditionnelle n'auront pas de casier judiciaire.

Selon la *Loi sur le casier judiciaire* de 1970, le pardon «annule la condamnation» et «élimine toute déchéance que cette condamnation entraîne». Mais du même souffle, la loi considère la personne libérée «comme si elle avait été déclarée coupable» et condamnée pour lui accorder un pardon qui annule sa condamnation. L'incongruité de la situation est évidente.

D'autant plus qu'«au plan pratique l'annulation de la condamnation se révèle n'être rien de plus qu'une mise à l'écart du dossier» (Bergeron, 1982, p. 780).

En 1985, le Parlement recule ou rend son discours plus concordant avec la réalité en souhaitant que la réhabilitation «efface les conséquences de la condamnation» et «ne devrait plus ternir la réputation». Il n'est plus question d'annuler la condamnation. Finalement, en 2000, le Parlement recule de nouveau en statuant que la réhabilitation efface les conséquences de la condamnation. Que conclure de ces décisions politiques sinon que l'État canadien s'acharne sur le condamné ? Et ce, qu'il ait commis un meurtre, qu'il ait omis de remettre à la Bibliothèque nationale du Canada à ses frais deux exemplaires d'un livre qu'il a publié, qu'il ait introduit deux bouteilles d'alcool en contravention de la *Loi sur les douanes*, qu'il ait vendu un produit préemballé sans en indiquer le poids selon les règles établies par la *Loi sur l'emballage*, qu'il ait contrevenu à la *Loi sur la généalogie des animaux*, à la *Loi électorale du Canada,* etc. En fait, le gouvernement du Canada ne fait aucune nuance et exclut sans discernement des citoyens de la vie sociale.

Comme le souligne Dumont (1993), «le crime véritable suscite l'opprobre et le déshonneur pour celui qui enfreint la loi, tandis que la simple contravention réglementaire n'entraîne pas ce discrédit à l'endroit du justiciable ou ne suscite pas cette répudiation publique» (p. 496). En dépit de ce constat, le Parlement, qui a amendé la *Loi sur le casier judiciaire* à plusieurs reprises, a maintenu l'attribution d'un casier judiciaire pour toute infraction à une loi fédérale et à leurs règlements, non seulement au *Code criminel,* mais aussi aux lois annexes. Pourtant, selon la Cour suprême du Canada[2], le stigmate de la criminalité ne devrait pas s'appliquer aux sanctions réglementaires. Il semble que cette analyse du plus haut tribunal du pays n'a pas influencé les parlementaires.

Si l'on examine maintenant de plus près le *Code criminel* en parallèle avec la *Loi sur le casier judiciaire*, on s'aperçoit assez rapidement que les principes de justice et la philosophie qui les caractérisent sont en totale contradiction et par conséquent que le Parlement canadien est incohérent dans son discours. En effet, selon le *Code criminel,* une absolution équivaut à une non-condamnation exprimée dans les termes suivants : «est réputé ne pas avoir été condamné». Cette décision doit être fondée sur le principe «qu'il y va de l'intérêt véritable de l'accusé sans nuire à l'intérêt public», donc que le tribunal estime que l'infraction commise en vertu du *Code criminel* ne mérite pas une sanction criminelle et qu'il serait plus dommageable pour la personne concernée et pour la société d'agir autrement. La *Loi sur le casier judiciaire* renverse cette position en statuant que la personne absoute est dans les faits condamnée pour l'infraction pour laquelle elle a obtenu une absolution.

Jacques Marquis (1977), officier de police de Montréal à l'époque, écrivait à propos d'un dossier précis : «Le juge [...] lui accorde le privilège de ne pas avoir de dossier criminel en vertu de l'article 662.1 du Code criminel» (p. 89).

Actuellement sur l'Internet, le cabinet d'avocats Gariépy et Associés (2007) mentionne sur son site : «L'absolution vous permettrait d'éviter un casier judiciaire, vous épargnant des tracas dans votre emploi (immédiat ou futur) ou pour voyager aux États-Unis, par exemple. L'analyse de votre dossier par un avocat de chez Gariépy et Associés vous permettra de prendre les bonnes décisions et de vous éviter ainsi beaucoup de problèmes.»

Sur le site Internet Avocat Droit Criminel.com (2007), nous pouvons lire : «L'absolution inconditionnelle ne donne pas un casier judiciaire.» L'absolution conditionnelle en donnerait-elle un ?

Selon la Community Legal Information Association of PEI (2007) : «*Une absolution inconditionnelle* — ce qui signifie que votre partenaire a été reconnu coupable, qu'il n'a pas à purger une peine et qu'il n'aura pas de casier judiciaire. *Une absolution sous condition* — ce qui signifie que si votre partenaire se plie à certaines conditions pour une période donnée, il n'aura pas de casier judiciaire.»

Pour la CNLC (2007), «il n'est pas nécessaire de faire une demande de réhabilitation si son casier judiciaire comprend seulement des absolutions inconditionnelles ou sous condition. Les renseignements sur les absolutions inconditionnelles ou sous condition ordonnées par la cour, le 24 juillet 1992 ou après, seront automatiquement retirés un an (dans le cas d'une absolution inconditionnelle) ou trois ans (dans le cas d'une absolution sous condition) après la décision de la cour. Pour faire retirer du système du CIPC les renseignements à l'égard des absolutions qui ont été ordonnées avant le 24 juillet 1992, il faut communiquer avec la GRC.»

Devant les contradictions et les incompatibilités entre les deux lois (*Code criminel* et *Loi sur le casier judiciaire*), il est étonnant qu'aucun tribunal n'ait été saisi pour statuer sur les principes et la philosophie qui doivent prévaloir dans la société canadienne.

Ces incohérences durent depuis maintenant des décennies. Est-il étonnant que l'opinion publique ait une position ambiguë ? D'autant plus que le Premier ministre du Canada n'hésite pas à mentir à la population canadienne en affirmant que la criminalité augmente au Canada quand celle-ci diminue depuis plus de dix ans. À la suite de son élection en janvier 2006, M. Stephen Harper (2006) a présenté une allocution devant l'Assemblée du conseil exécutif de l'Association canadienne des policiers, le 3 avril 2006, dans laquelle il déclarait que les Canadiens «sont menacés par le taux de criminalité croissant» et que le «taux d'homicides est aussi à la hausse» (p. 8). Pourtant Statistique Canada (2005)[3] montre que le taux de criminalité a considérablement diminué entre 1994 et 2004 et que la différence de taux entre 1994 et 2004 est loin d'être négligeable : le taux d'homicide a diminué de 5,3 %; celui des tentatives de meurtre de 29,4 %; les voies de fait graves de 18 %; les agressions sexuelles de 32,6 % (les agressions sexuelles armées de 53,6 % et les agressions sexuelles graves de 56,5 %); les vols qualifiés avec des armes à feu de 53,7 %; les introductions par effraction dans les résidences de 38,6 %; la conduite avec facultés affaiblies de 33,5 %; les délits de fuite de 64 %. Parmi les rares crimes dont la fréquence a augmenté, il faut mentionner les infractions relatives aux drogues (+46,6 %), à l'exception de celles concernant l'héroïne, qui ont baissé de 55,3 %. Si l'on compare 1996 à 2006 maintenant, le taux d'homicide à diminué de 10 %; celui des tentatives de meurtre de 12 %; les agressions sexuelles de 26 %, dont les agressions armées de 47 % et les agressions graves de 44 %; les vols qualifiés avec des armes à feu de 51 %; les introductions par effraction dans les résidences de 45 %; la conduite avec facultés affaiblies de 30 %; les délits de fuite de 47 % (Statistique Canada, 2007). Comme pour 2004, les infractions relatives aux drogues ont augmenté (+33 %). Par contre, ce qui est étonnant, c'est que la statistique relative à l'héroïne a été fondue dans l'item « autres drogues ». Serait-ce parce que cette infraction a encore considérablement diminué ? Une hypothèse mérite d'être vérifiée : cette diminution est-elle attribuable aux programmes d'échange de seringues et au programme de méthadone?

L'alarmisme du Premier ministre est totalement injustifié et ne peut être compris que dans une perspective démagogique et électoraliste. Cette attitude politicienne a des répercussions indéniables sur l'opinion publique puisque ce discours conforte les préjugés populaires et encourage l'opprobre social face aux personnes condamnées.

Avant de terminer cette brève réflexion, il n'est pas inutile de rappeler que les corps policiers n'ont pas toujours été conservateurs. En effet, au cours des consultations effectuées en 1981 à la suite des critiques formulées à l'égard de la *Loi sur le casier judiciaire,* la Société de criminologie du Québec (SCQ) a recueilli un certain nombre d'opinions. Nous rapporterons celles du Service de police de la communauté urbaine de Montréal et du Service de police de Laval.

Pour le Service de police de la communauté urbaine de Montréal, «l'effet juridique du pardon apparaît insuffisant et la personne pardonnée ne devrait pas avoir à mentionner, lors de demandes d'emploi qu'elle possède un dossier». De plus, «les périodes d'admissibilité au pardon devraient être réduites à un (1) an pour les infractions punissables sur déclaration sommaire de culpabilité et à trois (3) ans pour les actes criminels punissables par voie de mise en accusation». Par contre, «il ne devrait jamais y avoir de pardon pour des crimes majeurs répétés comme les attentats sexuels, les vols à main armée, etc.» (SCQ, 1982, p. 40 et 41; Vignola, 1982).

Pour le Service de police de Laval, «l'effet du pardon est jugé insatisfaisant, et ce, malgré les dispositions de la loi. La simple mention du mot « pardon » fait automatiquement référence au casier judiciaire». En effet, «pour donner effet au pardon, il faudrait permettre à l'individu de nier toute condamnation antérieure. Ainsi, ne pas mentionner le pardon obtenu permettrait de ne pas susciter de doutes qui conduisent immanquablement au casier judiciaire. Concernant les enquêtes entourant l'étude d'une demande de pardon, il faudrait limiter le nombre et la portée des enquêtes approfondies et répétées nuisant à l'individu.» De plus, «on devrait tenir compte des enquêtes déjà effectuées lors de sentences de travaux communautaires ou lors des rapports pré-sentenciels. Une enquête « morale » auprès des amis, employeurs, famille et voisins est à rejeter puisqu'elle recrée un climat que le pardon devrait veiller à faire disparaître.» Finalement, «le dossier des infractions pour lesquelles il y a eu pardon devrait être détruit après un certain délai qui reste à déterminer (possiblement 5 ans). C'est donc dire que, contrairement à la situation prévalant actuellement, le pardon ne serait révocable que pendant un délai fixe, à l'échéance duquel il serait absolu et irrévocable » (SCQ, 1982, p. 41-42).

Nous constatons que des services de police importants du Québec estimaient au début des années 1980 que le pardon (la réhabilitation) tel qu'il prévalait n'avait que peu d'effets positifs. Il semble que leur position progressiste et humaniste ait bien changé. Si l'on se réfère à la cause de la CDP c. CUM, on constate que le Service de police de Montréal est devenu beaucoup moins ouvert.

En effet, dans son *Mémoire*, la Ville de Montréal (2007) écrit :

> Chaque année au Canada , il y a vingt-cinq à trente mille demandes de réhabilitation, et la Commission nationale des libérations conditionnelles (CNLC) – de qui relève exclusivement selon la loi l'octroi de la réhabilitation administrative – fait droit à quatre-vingt-dix-huit pour cent (98%) de ces 25 000 à 30 000 demandes. Quatorze fonctionnaires traitent ces demandes. *Aucune enquête le moindrement sérieuse n'est faite*. Tout est pardonnable et est de fait pardonné [...] (Paragraphe 20, p. 8; paragraphe 23, p. 9; paragraphe 52, p. 20)

Dans les faits, ces données sont totalement fausses. Mais avant de présenter les données réelles, il faut souligner que la Ville de Montréal et le Service de police de la ville de Montréal concluent à une incompétence absolue de la CNLC. Cette analyse a non seulement un impact sur la conception du pardon, mais aussi sur les décisions rendues relativement aux libérations conditionnelles. On ne peut totalement dissocier le travail de la CNLC et le considérer comme sérieux sur un aspect et totalement farfelu sur un autre.

Comme le tableau 14 (voir page 104) le démontre indéniablement, ce ne sont pas toutes les demandes qui donnent lieu à une réhabilitation puisqu'un pourcentage non négligeable (33 %) des demandes ne sont pas acceptées pour cause de non-compétence de la part de la CNLC, de non-conformité aux délais requis par la loi ou pour le fait que celle-ci est incomplète, soit une sur trois.

En ce qui concerne l'absence d'enquête alléguée par la Ville de Montréal et le Service de police, il faut s'interroger sur les délais de traitement des dossiers. Entre 1993 et 2006, le délai moyen est de 6 à 20 mois selon les années. « Une recherche informatique sommaire » (paragraphe 56, p. 21) comme l'affirment la Ville de Montréal et le SPCUM, requiert-elle un si long délai ?

Si l'on accepte le raisonnement de la Ville de Montréal et du Service de police, l'incompétence de la CNLC se situerait non seulement dans l'attribution des réhabilitations/pardons, mais également dans le délai de réponse aux demandes acceptées. Une telle analyse ne tient pas la route, surtout si l'on considère que le délai moyen de traitement des dossiers concernant les personnes condamnées à la suite d'une poursuite sommaire effectuée par un agent est de l'ordre de un à deux mois, tandis qu'il faut en moyenne 18 mois pour traiter des dossiers concernant des actes criminels (2006-2007 comme année de référence).

Le tableau 14 présente les statistiques relatives à l'octroi des réhabilitations/ pardons. Ces données sont d'ordre public et peuvent être consultées directement sur Internet.

**Tableau 14**

| Année | Demandes reçues par la CNLC | Demandes acceptées parce qu'elles sont conformes aux exigences légales et réglementaires | % accepté | Réhabilitation/ pardons OCTROYÉES après enquête parmi les demandes acceptées durant l'année ou les années précédentes | % octroyés | Réhabilitations/ pardons DÉLIVRÉES suite à une enquête sommaire par un agent | % délivrés | Durée moyenne du traitement des dossiers en mois |
|---|---|---|---|---|---|---|---|---|
| 93-94 | 28 999 | 17 565 | 61 | 14 915 | | 4 446 | | 8 |
| 94-95 | 30 111 | 21 218 | 70 | 18 668 | 77 | 5 227 | 22 | 7 |
| 95-96 | 22 749 | 15 040 | 66 | 11 012 | 69 | 4 389 | 30 | 7 |
| 96-97 | 22 203 | 14 682 | 66 | 12 566 | 71 | 4 963 | 28 | 7 |
| 97-98 | 21 012 | 8 567 | 41 | 4 873 | 62 | 2 760 | 35 | 6 |
| 98-99 | 22 157 | 12 192 | 55 | 3 594 | 65 | 1 882 | 34 | 11 |
| 99-00 | 22 667 | 14 408 | 64 | 3 129 | 53 | 2 732 | 46 | 13 |
| 00-01 | 19 018 | 4 946 | 26 | 7 495 | 52 | 6 700 | 47 | 18 |
| 01-02 | 18 016 | 18 518 | 103 | 10 725 | 63 | 5 920 | 35 | 20 |
| 02-03 | 16 989 | 15 248 | 90 | 7 204 | 49 | 7 232 | 49 | 17 |
| 03-04 | 16 912 | 16 696 | 99 | 8 761 | 55 | 6 832 | 43 | 17 |
| 04-05 | 16 958 | 19 681 | 116 | 17 800 | 78 | 4 745 | 21 | 12 |
| 05-06 | 27 946 | 12 705 | 45 | 3 951 | 46 | 4 402 | 51 | 11 |
| 06-07 | 26 512 | | | 7 076 | 48 | 7 672 | 52 | Poursuites Sommaires 1 à 2 Actes criminels 18 |
| Total 93-06 | 285 737 | 191 466 | 67 | | | | | |

Sources : Commission nationale des libérations conditionnelles (CNLC), 1998, 2000, 2003, 2006 ; Wallace-Capretta, 2000 ; pour les données 2006-2007, voir Diane Bélisle, CNLC, Conférence, Alma, 26 septembre 2007.

On ne peut imaginer que la CNLC laisserait traîner les dossiers relatifs aux actes criminels si longtemps sans rien faire. Donc, cet argument laissant sous-entendre que la CNLC ne respecte pas l'esprit de la *Loi sur le casier judiciaire* est fallacieux.

Mais plus grave selon nous, le plaidoyer de la Ville de Montréal et du Service de police visait à tromper la Cour suprême du Canada. Il nous paraît totalement inacceptable que la Ville de Montréal et son Service de police tentent de tromper sciemment le tribunal. Cette façon de faire remet en question les principes de démocratie sur lesquels repose notre société. Si l'on ne peut plus se fier aux instances politiques et répressives en ce qui concerne la présentation des faits (statistiques officielles en particulier) relatifs au système de justice, comment le public peut-il leur faire confiance ?

Le paragraphe 43 du *Mémoire* de la Ville Montréal est également très instructif. En effet, on y apprend que, pour le SPCUM, un vol à l'étalage est plus grave que la conduite avec facultés affaiblies, qui peut mettre en danger la vie des citoyens ou leur intégrité physique, et plus grave que le méfait public (défini par le *Code criminel* comme l'intention de tromper dans la perspective qu'un agent de la paix commence ou continue une enquête policière sans fondement réel). Ainsi, on ne peut devenir policier à la suite d'un vol à l'étalage, mais on peut le devenir si l'on a conduit avec des facultés affaiblies ou commis un méfait public. Comment démêler tout cela?

Compte tenu de leurs prétentions non fondées, la Ville de Montréal et le SPCUM devraient présenter leurs excuses aux autorités judiciaires et au public. En effet, ce discours alarmiste crée un sentiment d'insécurité injustifié au sein du public et dénigre de manière éhontée le peu d'effet de la réhabilitation/pardon. Le droit d'être informé convenablement par les pouvoir publics est la base de la démocratie. Une propagande indue n'est absolument pas acceptable.

Dans son *Mémoire*, l'École nationale de police du Québec (2007) se dit « en accord avec les faits énoncés par la partie appelante » (Ville de Montréal et SPCUM, paragraphe 1, p. 1). Nous ne pouvons croire que cet établissement n'est pas au courant des données relatives aux réhabilitations/pardons. S'il ne l'est pas, quelle qualité de formation est donnée aux aspirants policiers québécois ? La direction de l'École doit faire le point sur cette question.

Le procureur général du Québec et le ministre de la Sécurité publique ont le devoir de rappeler que les instances politiques et policières doivent être honnêtes lorsqu'elles diffusent des informations relatives au système judiciaire. D'ailleurs, le ministre de la Justice ne peut plaider l'ignorance puisqu'il a produit son *Mémoire* plus de quatre mois après celui de la Ville de Montréal et du SPCUM.

Les faits sont d'une extrême gravité et méritent une réaction politique sérieuse. Non seulement la crédibilité du gouvernement du Québec, mais aussi la valeur que la société attache à la notion de réhabilitation sont en cause.

**Conclusion**

Dans l'arrêt Therrien, la Cour suprême du Canada note que la réhabilitation «ne remet pas en question [la] culpabilité, mais entraîne la remise totale de sa condamnation et de ses effets juridiques pour l'avenir » (paragraphe 115). Plus loin elle précise que «les effets de la réhabilitation sont limités aux incapacités juridiques créées par la loi fédérale ou ses règlements et excluent donc l'ensemble des conséquences postpénales prévues aux lois provinciales, ce qui laisse également croire que la réhabilitation n'a qu'une portée limitée» (paragraphe 116).

Il faut donc prendre acte que, sur le plan pratique, la réhabilitation est encore en contradiction avec le casier judiciaire et que, par conséquent, il faut un réel débat public sur le concept de réhabilitation et sur le contenu que socialement nous voulons y voir inscrit.

---

[1] Portion de texte introduite dans la version de 1985.

[2] *R. c. Sault Ste-Marie.*

[3] Chiffres officiels disponibles au moment de l'intervention publique.

# *Conclusion*

La position du BAC et de plusieurs compagnies d'assurance nous conduit à nous poser la question suivante : s'il est justifié de refuser d'assurer les personnes qui ont des antécédents judiciaires, de même que leur conjoint et éventuellement leurs enfants, et qui demandent directement une assurance, est-il déraisonnable de se demander si la situation pourrait être la même pour des locataires qui ont un casier judiciaire[1] ? Le locateur est-il ou sera-t-il en mesure d'obtenir une assurance ? En effet, les employeurs qui envisagent d'embaucher une personne ayant un casier judiciaire peuvent voir leur prime augmenter considérablement ou leur couverture diminuer comme une peau de chagrin. Alors pourquoi pas les locateurs ?

La difficulté à s'assurer n'est pas le seul problème auquel font face les individus judiciarisés, mais elle diminue considérablement la possibilité de réhabilitation. Plusieurs solutions peuvent être envisagées, mais sans mécanisme externe ou interne de régulation des compagnies d'assurance, elles ne peuvent être appliquées. Présentement, les compagnies d'assurance peuvent « discriminer » non seulement par des études statistiques démontrant un lien de corrélation entre le facteur et le risque, mais simplement selon leur jugement et leurs préjugés. Le pardon, tel qu'il est présentement administré, ne peut être considéré comme offrant une réelle possibilité de réhabilitation.

Le problème des assurances et du casier judiciaire est complexe. Il n'existe pas de remède miracle à cette situation, mais il est possible d'appliquer un ensemble de solutions aux différents aspects du problème. Tout comme pour l'emploi, les individus judiciarisés ne devraient pas avoir à déclarer leurs antécédents s'il n'existe pas de lien direct entre le crime commis et l'assurance demandée. La responsabilité de poser cette question incombe aux compagnies d'assurance et non aux clients potentiels. D'autres organismes partagent notre opinion à ce sujet. Des organismes indépendants, tels qu'Option consommateurs, ont demandé aux compagnies d'assurance de poser elles-mêmes la question concernant les antécédents judiciaires. L'argument est simple : si elles jugent cette information essentielle pour l'évaluation du risque, elles doivent elles-mêmes poser la question et non pas confier le soin de divulguer les antécédents judiciaires à l'individu. De plus, des études sur le risque devraient être conduites, comme il a été recommandé dans l'arrêt Zurich, pour assurer une discrimination raisonnable. Pour s'assurer que les compagnies d'assurance assument cette responsabilité, cette dernière doit être inscrite dans le *Code civil* du Québec, car la *Loi sur les assurances* du Canada donne la compétence légale aux provinces de légiférer en cette matière.

Dans le même ordre d'idée, le casier judiciaire devrait être ajouté à la *Charte des droits et libertés* comme motif de discrimination général et non uniquement comme motif de discrimination à l'emploi. Ainsi, les individus victimes des pratiques discriminatoires des compagnies d'assurance à l'égard de leurs antécédents judiciaires auraient la ressource de s'adresser à la Commission des droits de la personne du Québec pour obtenir un recours légal. Notre opinion est claire : puisqu'il n'existe à ce jour aucune étude actuarielle prouvant un lien quelconque entre le casier judiciaire et la fraude à l'assurance, la pratique de refuser systématiquement de vendre une assurance ou d'indemniser à cause d'antécédents judiciaires représente une discrimination déraisonnable de la part des compagnies d'assurance et injustifiable dans une société démocratique.

Une meilleure réglementation des pratiques des compagnies d'assurance et la mise en place de recours pour les individus victimes de discrimination représentent certes une nécessité. Cependant, nous avons abordé un autre aspect tout aussi important qui doit être repris : la pratique discriminatoire des compagnies d'assurance repose sur un jugement moral et partial et non sur des faits réels et quantifiables. Malheureusement, les individus judiciarisés sont souvent l'objet de préjugés qui proviennent de l'existence même de leurs antécédents judiciaires, ce qui ne facilite en rien leur réintégration sociale. Nous pouvons placer le problème des assurances et du casier judiciaire dans le cadre plus large de l'accumulation, de l'accès et de la diffusion de l'information. La *Loi sur le casier judiciaire* doit préciser clairement ce qu'est et ce que représente le casier judiciaire, en quelle circonstance il peut être divulgué ou doit être mentionné et qui pourrait avoir accès à cette information. Pour supprimer les obstacles à la réhabilitation, il importe de limiter l'accès et la diffusion de cette information.

Le fait d'autoriser la discrimination des personnes ayant des antécédents judiciaires peut-il contribuer à maintenir une société *juste, paisible et sûre* ? Nous en doutons.

---

[1] "Malgré l'importance des antécédents judiciaires dans l'évaluation de leur risque, les assureurs ne posaient aucune question à ce sujet ni au moment de la souscription du risque ni lors des renouvellements ultérieurs. Il apparaît pourtant, selon les témoignages entendus à l'audience, que les gens ne déclarent jamais spontanément leurs antécédents judiciaires à leurs assureurs. Certains omettent peut-être sciemment de le faire. Il est cependant outrancier de prétendre que tous saisissent l'importance de les déclarer. À la lumière de ces témoignages, il faut plutôt conclure qu'une personne raisonnable, sans expérience avec les politiques des assureurs, ne peut *a priori* considérer pertinent de mentionner ses antécédents judiciaires, et encore moins ceux d'un autre assuré en vertu du même contrat, comme c'est le cas ici. La proposition contraire, poussée à son paroxysme, signifierait, par exemple, qu'un copropriétaire en indivis d'un immeuble comprenant six logements et en occupant un de façon exclusive devrait saisir l'importance de dénoncer les antécédents judiciaires d'un autre copropriétaire en indivis occupant un autre logement de façon exclusive, et dont il aurait connaissance". C'est en ces termes que le juge Taschereau conduit une analyse semblable à la notre dans (1) *Maltais c. AXA*, paragraphe 73.

# *Annexe 1*

# *Recours devant les petites créances*

Voici un résumé des arguments invoqués par les compagnies d'assurance et les assurés. Les précisions qui suivent peuvent être utiles pour préparer un recours devant les petites créances. Il faut noter que chaque cause est un cas d'espèce et que le juge doit prendre sa décision en fonction des faits qui lui sont présentés et en fonction du droit, c'est-à-dire, entre autres, de la jurisprudence. Soyez bien préparé en cherchant dans la jurisprudence ce qui s'applique à votre cas.

Déterminez si vos antécédents judiciaires ont un lien avec le risque assuré.

Argumentez sur la notion de réhabilitation. Mettez en évidence votre bonne conduite et votre volonté d'assumer vos responsabilités à titre de citoyen.

Précisez le contexte dans lequel les questions préalables vous ont été posées.

Chaque élément mérite d'être soutenu à l'aide de jurisprudence.

Vous pourrez télécharger les textes de jurisprudence dont vous aurez besoin ainsi que le formulaire à remplir avant de vous présenter devant la Cour des petites créances.

**Les arguments invoqués devant les tribunaux**

Nous pouvons dégager des jugements ayant traité de la question du casier judiciaire comme motif raisonnable d'annuler la police d'assurance *ab initio* à la suite d'un sinistre un certain nombre d'arguments qui reviennent de façon répétée chez les assureurs.

## ARGUMENTS DES COMPAGNIES D'ASSURANCE POUR JUSTIFIER L'ANNULATION *AB INITIO* DE LA POLICE D'ASSURANCE

### 1. L'omission de l'assuré de déclarer l'antécédent judiciaire

D'abord, le fait que l'assuré a omis de déclarer ses antécédents judiciaires, bien que l'assureur se soit lui-même abstenu de poser des questions à ce sujet au moment de la souscription de l'assurance, est un des motifs les plus souvent invoqués par l'assureur pour expliquer son annulation de la police d'assurance[1].

En effet, les compagnies allèguent qu'il est de l'obligation de l'assuré de mentionner tout fait pouvant influencer le risque. Elles lui imposent dès lors l'obligation de divulguer des faits qui, de toute évidence, ne sont pas nécessairement en lien avec le risque assurable. En d'autres termes, il faut que l'assuré connaisse bien le domaine de l'assurance.

Certains tribunaux ont jugé que la non-divulgation des antécédents judiciaires justifiait l'annulation du contrat[2].

Par ailleurs, certains jugements ont déterminé qu'il était plutôt de l'obligation de l'assureur de poser la question clairement et directement s'il jugeait que le casier judiciaire était un facteur pertinent, mais bien peu de compagnies l'ont fait avant 2005, et la pratique n'est toujours pas suivie systématiquement, comme nous le verrons un peu plus loin[3].

En ce qui concerne un casier judiciaire récent en lien direct avec le risque à couvrir, les tribunaux ont établi qu'il devrait être mentionné, même si aucune question n'est posée à cet effet par l'assureur (condamnation pour incendie criminel et assurance habitation, par exemple)[4].

2. Si elle avait connu l'existence d'un casier judiciaire, la compagnie aurait refusé d'assurer dès le départ.

Pour appuyer l'argument relatif à l'obligation de divulgation de l'assuré, les compagnies allèguent également très souvent que, si elles avaient connu l'existence du casier judiciaire, elles auraient refusé d'assurer le demandeur. Les polices d'assurance de nombreux assurés ont donc été annulées pour ce motif[5]. Pour convaincre le tribunal, depuis quelques années les compagnies d'assurance ont coutume de faire témoigner des représentants de compagnies concurrentes afin de démontrer que celles-ci auraient agi de la même façon. Les compagnies d'assurance se soutiennent donc entre elles pour justifier leur pratique discriminatoire. Elles font valoir qu'elles ont agi en « assureurs raisonnables »[6].

3. Risque moral

Enfin, sans égard, semble-t-il, au type de délit commis antérieurement par l'assuré, les compagnies n'hésitent pas, pour justifier l'annulation de la police d'assurance, à faire valoir que tout détenteur d'un casier judiciaire représente un risque moral[7]. Nous avons observé qu'on peut aller jusqu'à considérer un assuré ayant fait une faillite personnelle comme un risque moral[8].

Depuis quelques années, certains tribunaux ont tout de même souligné que l'absence de questions spécifiques dans le questionnaire de souscription concernant le casier judiciaire était un problème dont les compagnies d'assurance sont responsables :

> Le client qui répond de bonne foi, honnêtement et complètement aux questions posées peut raisonnablement présumer, en l'absence de questions précises, que son passé criminel n'influence aucunement la décision de l'assureur et n'a pas à être dévoilé, à supposer même qu'il s'en souvienne. Si l'on ajoute le fait que les condamnations ont été prononcées, sauf une, plus de six ans avant la souscription d'assurance, le Tribunal en conclut que son comportement relève de celui d'un assuré normalement prévoyant[9].

Dans *Wagner*, la Cour a précisé qu'un refus systématique d'assurer les individus ayant des antécédents judiciaires était difficilement acceptable.

1. Pas de lien entre le risque et l'antécédent judiciaire

Souvent les tribunaux ont été réticents à accorder l'annulation d'une police d'assurance lorsque la nature du casier judiciaire est sans rapport avec le risque[10].

Par exemple, dans *Marc Denis c. La Compagnie mutuelle d'assurance Wawanesa,* le tribunal tient compte du fait que les deux infractions criminelles sont des infractions « au bas de l'échelle » et du fait qu'il n'y a pas eu d'autre condamnation depuis six ans. Il note finalement que les infractions pour possession de stupéfiants pour lesquelles le requérant a été condamné n'ont pas de lien pertinent direct avec le risque assuré, soit une assurance habitation.

2. Le long délai atténue le risque

Lorsque l'antécédent judiciaire remonte à plus de cinq ans, les tribunaux hésitent aussi à accepter l'annulation *ab initio* de la police d'assurance. Par exemple dans *Martin Éthier c. Wawanesa Cie mutuelle d'assurance*, selon la Cour, un antécédent criminel vieux de sept ans relatif aux stupéfiants ne constitue pas un risque pour une assurance habitation et il ne justifie donc pas l'annulation de la police d'assurance par l'assureur[11].

La bonne foi étant de mise dans tout contrat au Québec, un assuré qui aurait délibérément menti sur l'existence de son casier judiciaire ne sera pas regardé d'un œil favorable par les tribunaux et il a peu de chance d'avoir gain de cause, même si le lien entre son casier judiciaire et le risque n'est pas évident (dans un cas, le tribunal a jugé que, même si l'assuré a menti, il était justifié de le faire puisque sa condamnation n'avait aucun lien avec le risque; mais ce cas est isolé). Par exemple, dans *Bernice Thibodeau c. Wawanesa,* le casier judiciaire n'avait pas de lien évident avec le risque assuré, mais l'assuré avait menti lors de la souscription, et il s'est donc vu refuser une indemnisation à la suite d'un sinistre, et sa police d'assurance a été annulée *ab initio*[12].

## UN JUGEMENT IMPORTANT

La Cour d'appel du Québec, la plus haute instance judiciaire de la province, a rendu deux jugements récemment qui devraient inciter les compagnies d'assurance à modifier leur conduite à l'égard des personnes ayant un casier judiciaire. En effet, elle a désapprouvé ouvertement l'attitude des compagnies qui résilient le contrat uniquement après un sinistre[13]. En ce qui concerne l'argument voulant que l'assuré doit mentionner l'existence de son casier judiciaire, et ce même sans question de la part de la compagnie d'assurance, la Cour mentionne ce qui suit :

> En effet, je suis d'avis qu'une personne raisonnable, sans expérience avec les politiques des assureurs, n'aurait pas *a priori* considéré pertinent de mentionner les actes criminels maintenant allégués pour annuler la police, en raison de leur nature non reliée à la conduite ou à la possession d'un véhicule et du temps écoulé depuis la dernière condamnation. D'ailleurs, le contenu du questionnaire à l'époque, loin de dissiper cette perception, la confirme de deux façons. D'abord, la personne raisonnable, questionnée sur certains types de condamnations, aurait logiquement conclu que les autres catégories de condamnations n'intéressaient pas l'assureur. Ensuite, en limitant la période d'intérêt pour les réclamations aux six dernières années, elle aurait conclu que des infractions remontant à plus de huit ans et non reliées à la conduite ou à la possession d'un véhicule étaient sans pertinence.

Puis, aux paragraphes 42 et 43 :

> En conclusion, si les assureurs ne souhaitent pas assurer les personnes ayant un casier judiciaire non relié à la

> conduite d'un véhicule ou à sa possession, qu'ils posent directement les questions appropriées aux proposants.
>
> Une chose est certaine, la situation actuelle où l'assureur ne pose aucune question aux proposants ayant un casier judiciaire, hormis les infractions qu'ils auraient commises au cours d'une certaine période antérieure concernant la conduite d'un véhicule, perçoit leurs primes pendant des années puis, lors d'un sinistre, conclut en la nullité de la police, est inacceptable. L'assureur ne peut, d'une part, profiter des primes de preneurs qu'ils considèrent indésirables comme groupe et, d'autre part, invoquer la nullité de la police lorsque l'un d'entre eux subit un sinistre.

Dans un autre arrêt rendu le même jour[14], elle décrit ainsi l'obligation de déclarer aux paragraphes 27 à 29 :

> L'obligation de déclarer de l'appelant :
>
> En l'instance, il faut uniquement se demander si l'appelant a fait des réticences; en d'autres mots, si une personne raisonnable, placée dans les mêmes circonstances que l'appelant, aurait considéré qu'elle devait transmettre les informations omises.
>
> Avec égards pour le juge de première instance, je suis d'avis qu'une personne raisonnable, à laquelle on aurait posé les mêmes questions au téléphone et par écrit, n'aurait pas jugé utile de référer aux antécédents criminels de l'appelant, dont l'un remontait à plus de quatorze ans. Cette personne raisonnable en serait venue à cette conclusion en raison de la nature des questions posées par la représentante du courtier, qui en aucun moment n'a fait référence au Code criminel, et du contenu de la proposition d'assurance, notamment l'article 13a), qui demandait d'indiquer toutes les condamnations en vertu du Code de la route ou du Code criminel ayant impliqué le proposant à titre d'usager d'un véhicule automobile au cours des trois dernières années. Avec une question aussi précise quant à la nature des actes et la période où ils auraient été commis, une personne

raisonnable peut conclure que seuls ces actes intéressent l'assureur et constituent des circonstances de nature à influencer sa décision quant à l'établissement de la prime, l'appréciation du risque ou la décision de l'accepter.

En somme, l'obligation résiduelle de déclarer à été modulée par et en l'instance, correctement exécutée par l'appelant. Par conséquent, la police n'était pas nulle.

Depuis ces jugements, certains juges prennent en compte la jurisprudence relative à l'obligation de divulguer son casier judiciaire.

Par exemple, dans une cause de 2005, la Cour supérieure du Québec s'exprime ainsi : «L'assureur et le courtier pouvaient-ils se cantonner derrière l'obligation de divulgation du preneur, émettre une police d'assurance sans poser de questions et sans mettre en garde le preneur, ni porter à son attention le type d'informations qui seraient importantes pour évaluer le risque ?» Elle conclut que non, et refuse l'annulation de la police[15].

Dans *Chevrier c. Bélair*, malgré 35 inculpations, le tribunal a déclaré que, si le passé judiciaire du preneur constitue un renseignement important, l'assureur doit poser la question dans la proposition d'assurance. Il y avait aussi selon la Cour absence de lien entre les antécédents (fraude, usage de faux, supposition de personne, membre de gang criminalisé) et le risque couvert, soit le vol de voiture, puisque l'assurée montrait selon elle que la réinsertion après une période trouble pouvait être un succès[16].

En 2006, dans *Desmarais c. Groupe CGU*, la Cour a eu à répondre à l'argument d'une compagnie selon lequel, si elle avait su que le fils de l'assuré faisait pousser du cannabis pour sa consommation personnelle, elle aurait refusé l'assurance, prétendant que sa clientèle est une clientèle standard et qu'elle refuse de couvrir la culture du « pot ». L'assuré avait aussi fait faillite deux ans auparavant et avait été condamné cinq ans auparavant pour possession de stupéfiants. La Cour répond ainsi aux arguments de la compagnie : « Si l'industrie de l'assurance ne veut pas assurer les résidences de toutes les personnes dont les adolescents font pousser quelques plants de cannabis au jardin, qu'elle le dise clairement et qu'elle prévoit une question claire en ce sens à chaque renouvellement. Les choses seront alors claires et les assurés vivront avec les conséquences de leurs actes. » Elle a refusé l'annulation de la police d'assurance.

Concernant l'argument que l'assuré a l'obligation de divulguer son passé criminel, plusieurs juges imposent maintenant à l'assureur la responsabilité de poser la question sur les antécédents judiciaires lors de la souscription. Selon leur interprétation, l'assuré ne peut savoir que ses antécédents auront une influence, puisqu'il n'est pas un spécialiste de l'assurance.

Quant à l'argument que l'assureur agit en assureur « raisonnable », et tente de prouver ce fait par le témoignage de représentants de compagnies concurrentes qui vont dans le même sens, le tribunal, dans une cause de 2005, a ajouté que « la preuve d'une pratique générale d'un métier n'est pas synonyme de son caractère raisonnable[17]». Vu l'absence de question à ce sujet, la compagnie doit démontrer que l'assuré représente un risque plus élevé qu'un client sans antécédent pour le genre de couverture sollicitée. La Cour dit : « Rien dans la preuve ne démontre que l'assuré avait l'expérience avec les politiques des assureurs et/ou savait qu'il devait déclarer ses condamnations criminelles non reliées à la conduite ou à la possession d'un véhicule moteur. » Dans ce cas, le casier judiciaire n'était pas pertinent par rapport au risque couvert, et sa dernière condamnation remontait à neuf ans.

Concernant l'argument que les détenteurs de casier judiciaire constituent tous des risques moraux inacceptables pour les compagnies d'assurance, une juge répond ainsi en 2005 : « L'existence d'un casier criminel n'emporte pas nécessairement l'aggravation du risque moral. » L'assuré a agi de bonne foi en ne mentionnant pas ses condamnations antérieures, la Cour parle même du droit de l'assuré « de ne pas communiquer les condamnations criminelles n'ayant pas pour conséquence automatique d'annuler la police ». L'assureur n'avait qu'à poser la question de façon explicite[18]. Par rapport à la question posée par Wawanesa : « Y a-t-il des faits qui sont survenus et que vous devez déclarer concernant des condamnations au civil ou au criminel en rapport avec votre demande d'assurance ? », le juge Landry[19] estime que «la question telle que formulée est ambiguë et elle est susceptible d'être interprétée différemment selon la personne qui y répond». Il estime que l'«on fait appel à beaucoup de subjectivité».

Toutefois, plusieurs juges semblent ne pas vouloir abandonner leurs préjugés et continuent de permettre aux compagnies d'annuler l'assurance quand bon leur semble, sous prétexte que l'assuré n'a pas satisfait à son obligation de divulguer son casier judiciaire[20], celui de son conjoint[21] ou d'un membre de sa famille[22].

Par exemple, dans *Valmont-Lavallières c. Wawanesa*, la Cour mentionne l'obligation de déclarer les antécédents judiciaires du conjoint s'il y a un lien avec le risque couvert. Elle a vu un lien avec le risque couvert alors que la police était annulée à la suite d'un incendie et que la conjointe avait comme antécédent judiciaire fraude, vol, recel, obtention frauduleuse d'aliment et de logement, évasion d'une garde légale, défaut de se conformer à une ordonnance et bris de probation.

Dans *Hamilton c. Wawanesa*, en 2006, un tribunal a dit que l'assuré avait le devoir de décrire de sa propre initiative toutes circonstances pouvant influencer le risque, alors que le frère et l'ex-conjoint de l'assuré possédaient un casier judiciaire, ignorant totalement le jugement de la Cour d'appel.

Le juge a aussi mentionné l'obligation pour l'assuré de déclarer ses antécédents pour déterminer si l'assureur acceptera le risque, dans *Brousseau c. SSQ*, alors qu'aucune question ne lui avait été posée à cet égard.

## Conclusion

Nonobstant la jurisprudence, il faut admettre que chaque décision judiciaire relative aux questions d'assurance/casier judiciaire relève du cas par cas. Ce que nous pouvons constater à la lecture des jugements est l'amalgame entre risque et risque moral que font plusieurs juges.

Cette confusion tient au fait que les compagnies d'assurance ne définissent jamais ces termes devant les tribunaux. Ce qui est clair, c'est que les compagnies d'assurance utilisent systématiquement le risque moral pour faire valoir leur point de vue relatif au casier judiciaire. Comme nous l'avons vu au chapitre 4, la notion de risque moral s'applique aussi bien à l'assuré que l'assureur. Maintenant, compte tenu des décisions de la Cour d'appel du Québec, les compagnies qui ne veulent pas assurer des personnes ayant un casier judiciaire et les personnes avec lesquelles elles vivent, doivent le faire de manière systématique et le faire savoir de manière officielle, sinon elles représentent, sans conteste, un risque moral, suivant la définition qu'en donnent Brousseau (1995/2000) et Henriet (s. d.).

---

[1] Consulter, entre autres : *Maltais c. Axa Assurances inc.* (1); *La compagnie mutuelle d'assurances Wawanesa c. GMAC location limitée et Rouette* (2); *Wagner c. ING* (6); *GMAC Location ltée c. Compagnie mutuelle d'assurances Wawanesa* (9) ; *Desbiens c. Société nationale d'assurances inc.* (13); *St-Denis c. Bélair Direct* (17); *Mantache c. Innovassur Assurances générales inc.* (20); *Denis c. Compagnie mutuelle d'assurances Wawanesa* (21) ; *Filiatreault c. Compagnie mutuelle d'assurances Wawanesa* (23) ; *Langlois c. Wawanesa, compagnie mutuelle d'assurances* (25); *Nadeau c. ING Groupe Commerce* (26); *Quirion c. Axa Assurances* (27); *Simoneau c. Industrielle Alliance (L'), compagnie d'assurances générales* (34).

[2] *Aubé c. Assurances générales des caisses Desjardins inc.* (14).

[3] Voir *Wagner c. ING* (6); *Langlois c. Wawanesa, compagnie mutuelle d'assurances* (25); *Simoneau c. Industrielle Alliance (L'), compagnie d'assurances générales* (34); *Germain c. Axa Assurances inc.* (42).

[4] Voir aussi *André Lemire c. La compagnie mutuelle d'assurances Wawanesa* (108); *9113-5301 Québec inc. c. Wawanesa, compagnie d'assurances mutuelles* (47), et *Gamache c. Wawanesa* (63).

[5] Voir *Maltais c. Axa Assurances inc.* (1); *Wagner c. ING* (6); *Nadeau c. ING Groupe Commerce* (26); *Beauseigle c. Compagnie mutuelle d'assurances Wawanesa* (30); *Valmont-Lavallières c. Wawanesa, compagnie mutuelle d'assurances* (31); *Simoneau c. Industrielle Alliance (L'), compagnie d'assurances générales* (34); *9113-5301 Québec inc. c. Wawanesa, compagnie d'assurances mutuelles* (47).

[6] Voir *Maltais c. Axa Assurances inc.* (1); *Nadeau c. ING Groupe Commerce* (26*); Quirion c. Axa Assurances* (27); et *GMAC Location ltée c. Compagnie mutuelle d'assurances Wawanesa* (32).

[7] Voir *Maltais c. Axa Assurances inc.* (1); *Wawanesa c. GMAC* (2); *GMAC Location ltée c. Compagnie mutuelle d'assurances Wawanesa* (9); *Desbiens c. Société nationale d'assurances inc.* (13*); Mantache c. Innovassur Assurances générales inc.* (20); *Bergeron c. Lloyd's* (19); *Filiatreault c. Compagnie mutuelle d'assurances Wawanesa* (23); *Pacheco c. Axa Assurances inc.* (28).

[8] *Simoneau c. Industrielle Alliance (L'), compagnie d'assurances générales* (34); et *Desmarais c. Groupe CGU* (67).

[9] *Transco 2000 ltée c. Steve Cartier et InnovAssura, assurances générales inc.* (29).

[10] *GMAC Location ltée c. Compagnie mutuelle d'assurances Wawanesa* (9); *Bergeron c. Lloyd's* (19)*; Langlois c. Wawanesa, compagnie mutuelle d'assurances* (25); *Simoneau c. Industrielle Alliance (L'), compagnie d'assurances générales* (34); *Mireault c. Fédération compagnie d'assurance du Canada* (38); *Germain c. Axa Assurances inc.* (42).

[11] Voir aussi *GMAC Location ltée c. Compagnie mutuelle d'assurances Wawanesa,* (9) et *Transco Ltée 2000* (29).

[12] Voir également *Pacheco c. Axa Assurances inc.* (28) et *Payeur (Ercolino) c. Compagnie d'assurances Les Assurances La Capitale* (36), où les polices d'assurance ont été annulées à cause des déclarations mensongères de l'assuré lors de la souscription.

[13] Voir aussi Compagnie mutuelle d'assurances *Wawanesa c. GMAC* (2); et *Bergeron c. Lloyd's* (19).

[14] *Bergeron c. Lloyd's (19).*

[15] *9106-5003 Québec inc. c. Optimum, société d'assurances inc. (43).*

[16] Voir aussi *Transco 2000 ltée 2000 (29) et Maltais c. Axa Assurances inc. (1).*

[17] *GMAC Location ltée c. Assurances générales des Caisses Desjardins inc.* (77).

[18] *Couture c. Axa, compagnie d'assurances* (73).

[19] *Duc c. Wawanesa*, paragraphe 31 (97).

[20] *Brousseau c. SSQ, société d'assurances générales inc.* (101).

[21] *Valmont-Lavallières c. Wawanesa, compagnie mutuelle d'assurances* (31).

[22] *Hamilton c. Compagnie mutuelle d'assurances Wawanesa* (62).

# *Annexe 2*

## *Lettres types*

**6 mai 1997 d'AXA Assurances (56)**

*Nous vous transmettons par les présentes notre chèque # 117269 au montant de 417,90$ incluant la taxe de vente de 19,90 $ en remboursement de la prime perçue pour la police en titre, étant donné que le contrat d'assurance automobile numéro 8-634-544-7 doit être considéré nul ab initio.*

*Plus spécialement, mais sans restreindre la généralité de ce qui précède, notre compagnie n'aurait jamais souscrit cette assurance si elle avait été mise au courant de tous les faits et situations concernant ce risque.*

*Vous comprendrez donc que dans les circonstances, il nous est impossible de vous accorder la protection usuelle soit pour dommages à votre véhicule ou pour les réclamations qui pourraient être faites par des tiers.*

*[...]*

**20 avril 2001de l'Industrielle Alliance (34)**

*En vertu de la loi, vous aviez l'obligation de divulguer tous les faits pertinents de nature à influencer un assureur dans la décision de souscrire ou non le contrat d'assurance. Malgré cette obligation, certaines informations ne nous ont pas été transmises : informations qui, si elles nous avaient été dûment données, auraient fait en sorte que nous n'aurions pas accepté d'émettre le contrat d'assurance.*

*Par conséquent, nous vous informons que nous procédons à l'annulation de votre police d'assurance à partir de sa date de mise en vigueur.*

*Compte tenu de ces circonstances, nous vous remboursons la totalité de la prime que vous nous avez versée depuis cette date. Un chèque au montant de 430.51 $ en remboursement de la totalité de la prime payée est joint à la présente lettre ou vous parviendra sous peu selon le cas.*

**27 septembre 2001 d'AXA Assurances (1)**

*Madame,*

*Suite à une enquête sans préjudice, AXA Assurances a constaté que vous aviez omis de respecter vos obligations à titre d'assuré [sic] lors de la souscription de votre police d'assurance.*

*Conformément aux articles 1.3 et ss. Des dispositions générales de votre police d'assurance et aux [sic] 2410 et ss. du Code civil du Québec relatifs aux fausses déclarations ou réticences de l'assuré, nous vous avisons que votre police d'assurance ci-haut mentionnée est nulle et sans effet et ce, à partir du 20 septembre 1995.*

*Par ailleurs compte tenu de la nullité de votre police d'assurance, vous comprendrez que nous n'entendons pas donner suite à votre réclamation en rapport avec un sinistre survenu le ou vers le*

*Nous vous prions d'agréer, Madame, l'expression de nos sentiments distingués.*

**1er mai 2003 de Bélair Direct (53)**

*Nous résilions par la présente la police sus-mentionnée conformément aux dispositions générales ou conditions légales de votre contrat d'assurance. La résiliation prendra effet à compter de ...*

# *Liste des tableaux*

# *Bibliographie*[1]

Ancel, Marc (1979). Le casier judiciaire est la succession de la marque au **dans** Faculté de droit et des sciences économiques de l'Université de Neuchâtel, *Casier judiciaire et réhabilitation : actes des « Journées de Neuchâtel »*, Neuchâtel, Ides et Calendes, 1982.

Assuralia (1998). Prévenir la fraude à l'assurance : Un enjeu d'intérêt général. www.assuralia.be/fr/publication/commande/cahier/ass_et_prev.pdf www.assuralia.be/FR/publication/ commande/cahier/prev_fraude_ass.asp -

Assurance Federated (s.d.). *Risque moral.* Winnipeg. www.federated.ca/gloss/r_fr.htm

Avocat droit criminel.com (2007). Saviez- vous que ... Consulté le 19 décembre 2007. Avocat Droit Criminel 514-286-2283 Montréal - Laval - Rive-Sud - Saviez-vous que...

Bacher, Jean-Luc (1995a). *L'escroquerie à l'assurance privée : Étude pénale et criminologique.* Bern, Peter Lang, 1995, 406p.

Bacher, Jean-Luc (1995b). La fraude à l'assurance et sa prévention par les compagnies privées. *Déviance et Société* 19(2) ;185-200,1995.

Bacher, Jean-Luc et Étienne Blais (2005a). La prévention de la fraude à l'assurance : une approche quasi-expérimentale **dans** Isabelle Augsburger-Buchelli et Jean-Luc Bacher (sous la direction de), *La criminalité économique : ses manifestations, sa prévention et sa répression,* Paris, L'Harmattan, 2005, p. 127-145.

Bacher, Jean-Luc et Étienne Blais (2005a). L'introduction d'un stimulus dissuasif pour contrer la majoration excessive des réclamations à l'assurance : prévention de la délinquance ou règlement différentiel ? *Assurance et gestion des risques* 73(1) ;55-77,2005.

Bélisle, Gaétan (1982). Texte présenté par le Service de police de Laval, **dans** SCQ, *Le casier judiciaire, le pardon et la clémence au Canada : une législation à remanier.* Montréal, Société de criminologie du Québec, mars 1982, p. 209-218.

Bergeron, Jean-Guy (1992). *Les contrats d'assurance (terrestre) : lignes et entre-lignes.* Sherbrooke, S.E.M. , Tome 2, 670p.

Bergeron, Jean-Guy (2003). *Les assurances et le crime.* Conférence livrée aux juges de la Cour du Québec, 16 mai 2003.

Bergeron, Marc (1982). La déchéance post-pénale : une étude sur les conséquences de la condamnation et sur les moyens d'en atténuer les effets sur le statut de la personne. *Revue du Barreau* 42 ;725-812,1982.

Bernheim, Jean Claude (2003). *Le casier judiciaire : quelques enjeux éthiques et philosophiques.* Conférence présentée lors du sommet de l'automne 2003 du Tribunal des droits de la personne, Pointe-du-Lac (Québec), 23 octobre 2003, 19p.

Bernheim, Jean Claude (2004). *Le casier judiciaire et les assurances. – État de la situation et position des assureurs.* Communication présentée au Forum national sur le casier judiciaire :

les enjeux économiques, sociaux, juridiques et politique, organisé par l'Association des services de réhabilitation sociale du Québec, en collaboration avec le département de criminologie de l'Université d'Ottawa et la Commission du droit du Canada. Ottawa, 29 novembre 2004, 33p.

Bernheim, Jean Claude (2005). Le casier judiciaire et les assurances : État de la situation et position des assureurs **dans** *Rapport du Forum national sur le casier judiciaire : Les enjeux économiques, sociaux, juridiques et politiques*, Montréal. Association des services de réhabilitation sociale du Québec (ASRSQ), 2005, p. 67-87.

Bernheim, Jean Claude, Karine Cyr et Marie-Claude Fournier (2007). *Le casier judiciaire et les assurances personnelles*, Communication présentée au Colloque international La fabrique de populations problématiques par les politiques publiques, Nantes (France), 14 juin 2007, 24p.
http://www.msh.univ-nantes.fr/servlet
com.univ.collaboratif.utils.LectureFichiergw?CODE_FICHIER=1181287389939&ID_FICHE=1327
www.msh.univ-nantes.fr/82807978/0/fiche___pagelibre/&RH=1173180801684

Bernier, Robert, Pierrette Deslandes et Samir Rizkalla (1982). *Le casier judiciaire, le pardon et la clémence au Canada : une législation à remanier*. Montréal, Société de criminologie du Québec, mars 1982, 255p.

Bonneville de Marsangy, Arnould (1848). *De la localisation au greffe de l'arrondissement natal, des renseignements judiciaires concernant chaque condamné, au triple point de vue de la répression des crimes et délits, de la pureté des listes électorales et du jury, et de la moralisation sociale*. Versailles, Dufaure, 1849, ...p.

Bonneville de Marsangy, Arnould (1844). *De la récidive, ou des moyens les plus efficaces pour contester, rechercher et réprimer les rechutes dans toute infraction à la loi pénale*. Paris, 1844

Boyer, Raymond (1966). *Les crimes et les châtiments au Canada français*. Montréal, Le Cercle du livre de France, 1966, 542p.

Brousseau, Éric (1993). Les théories des contrats : une revue. *Revue d'économie politique* 103(1) ;1-82,1993.

Brousseau, Éric (1995). Les apports de l'analyse économique des contrats à la mise en œuvre des politiques industrielles. *Revue d'économie industrielle* 71 ; 181-198, 1995. Version 2, 24 novembre 2000.
www.brousseau.info/fr/publications/ index.php?req=5&annee=1995-
www.brousseau.info/pdf/EBREIPolIndus.pdf

Bujold, Louis, George Dionne et Robert Gagné (1997). Assurance valeur à neuf et vols d'automobiles : une étude statistique. Montréal, École des Hautes Études Commerciales, Cahier de recherche 97-01, 1997, 13p.

Bureau d'assurance du Canada (1997)[2]. *Le Palmarès des dix fraudes à l'assurance de '97 illustre bien ce crime qu'on évalue à 1,3 milliard $*. Communiqué de presse, 18 décembre 1997. Toronto, BAC, Service d'enquête.
www.ibc.ca/francais/invserv_infoaux_10fraudes_1997.asp

Bureau d'assurance du Canada (1999). *Un millénaire de fraude à l'assurance: La Coalition divulgue son palmarès des dix pires cas$*. Communiqué de presse, 21 décembre 1999. Toronto, BAC, Service d'enquête. www.ibc.ca/francais/invserv_infoaux_10fraudes_1999.asp

Bureau d'assurance du Canada (2000). *Palmarès canadien des 10 fraudes à l'assurance de l'année*. Communiqué de presse, 19 décembre 2000. Toronto, BAC, Service d'enquête. www.ibc.ca/francais/invserv_infoaux_10fraudes_2000.asp

Bureau d'assurance du Canada (2001a). *Palmarès canadien des 10 fraudes à l'assurance de l'année*. Communiqué de presse, 18 décembre 2001. Toronto, BAC, Service d'enquête. www.ibc.ca/francais/invserv_infoaux_10fraudes_2001.asp

Bureau d'assurance du Canada (2001b). *Le coût de la fraude en matière de blessures corporelles*. Toronto, BAC. www.ibc.ca/fr/insurance_crime/personal_injury_fraud/costs.asp

Bureau d'assurance du Canada (2003a). Antécédents civils et criminels et obligation de déclarer selon l'article 2048 du Code civil du Québec, *Bulletin du BAC-ATH* no B2003-01, 13 janvier 2003, p. 2-3 ; aussi dans *Porte Ouverte* vol. XIV, no 2, p. 16-17.

Bureau d'assurance du Canada (2003b). *Le BAC publie le palmarès canadien des dix fraudes à l'assurance de 2003*. Communiqué de presse, 17 décembre 2003. Toronto, BAC. http://info.branchez-vous.com/communiques/cnw/INS/2003/12/c3837.html

Bureau d'assurance du Canada (2004a). *Palmarès des dix crimes d'assurance au Canada*. Communiqué de presse, 13 décembre 2004. Toronto, BAC, Service d'enquête. www.ibc.ca/francais/invserv_infoaux_10fraudes_2004.asp

Bureau d'assurance du Canada (2004b). *Résumé d'impact sur l'assurance Fraude en matière de préjudices corporels*. Toronto, BAC, novembre 2004, 5p. www.fraudcoalition.org/fr/Insurance_Crime/documents/ InjuryImpactStatement_Jun1005_fr.pdf

Bureau d'assurance du Canada (2004c). *Assurances de dommages au Canada 2004*. Toronto, BAC, 2004, 37p.

Bureau d'assurance du Canada (2004d). *Résumé d'impact sur l'assurance. Fraude en matière de préjudice corporel*. Toronto, BAC, novembre 2004, 5p.

Bureau d'assurance du Canada (2005a). *Palmarès des dix crimes d'assurance de 2005*. Toronto, BAC, Service d'enquête. Communiqué de presse, Toronto, 12 décembre 2005, 2p. www.ibc.ca/fr/Media_Centre/News_Releases/2005/2005-12-20.asp www.ibc.ca/francais/invserv_infoaux_10fraudes_2005.asp

Bureau d'assurance du Canada (2005b). *Les assureurs lancent une ligne anti-crime nationale*. Communiqué de presse, Toronto, 6 octobre 2005, 2p. www.ibc.ca/fr/media_centre/news_releases/2005/2005-10-06.asp

Bureau d'assurance du Canada (2005c). *Modifications apportées au Plan statistique automobile (PSA) pour Terre-Neuve-et-Labrador*. Toronto, BAC, Bulletin QD-2005-17, 12 août 2005, 1p. www.ibc.ca/Search/Search_fr.aspx

Bureau d'assurance du Canada (2005d). *Assurances de dommages au Canada 2005*. Toronto, BAC, 2005, 42p. http://www.ibc.ca/fr/Need_More_Info/ documents/FACTS-book2005-fr.pdf -

Bureau d'assurance du Canada (2007a). *Prix 2007 de l'Arnacadémie*. Communiqué de presse, 21 février 2007. Toronto, BAC, 2p.
www.ibc.ca/fr/media_centre/news_releases/2007/02-21-2007.asp

Bureau d'assurance du Canada (2007b). *Méfiez-vous des accidents truqués : Des mesures contre la fraude à l'assurance à la portée des Canadien*. Communiqué de presse, 7 mars 2007. Toronto, BAC, 2p.
www.ibc.ca/fr/Media_Centre/News_Releases/2007/03-07-2007.asp

Bureau d'assurance du Canada (2007b). *Assurances de dommages au Canada 2006*. Toronto, BAC, 2007, 39p www.ibc.ca/fr/index.asp

Bureau d'assurance du Canada (s.d.). *La fraude à l'assurance: un crime qui coûte des milliards $*. Toronto, BAC, Service d'enquête. www.ibc.ca/francais/invserv_infoaux_fraude.asp

Bureau du surintendant des institutions financières (2003a). *Rapport sur le secteur des assurances multirisques au Canada*. Ottawa, Ministère des travaux publics et services gouvernementaux, 19 septembre 2003, 20p.
www.osfi-bsif.gc.ca/fra/documents/rapportdubsif/docs/Report_on_PC_Industry_f.pdf
www.fin.gc.ca/access/fininstf.html

Bureau du surintendant des institutions financières (2003b). *Rapport annuel* ***BSIF*** *2002-2003*. Ottawa, Ministère des travaux publics et services gouvernementaux, 2003, 59p.
www.osfi-bsif.gc.ca/osfi/index_f.aspx?DetailID=648

Bureau du surintendant des institutions financières (2004). *Rapport annuel BSIF 2003-2004*. Ottawa, Ministère des travaux publics et services gouvernementaux, 2004, 74p.
www.osfi-bsif.gc.ca/osfi/index_f.aspx?DetailID=648

Bureau du surintendant des institutions financières (2005). *Rapport annuel BSIF 2004-2005. Consolider nos acquis*. Ottawa, Ministère des travaux publics et services gouvernementaux, 2005, 90p. www.osfi-bsif.gc.ca/osfi/index_f.aspx?DetailID=648

Bureau du surintendant des institutions financières (2006). *Rapport annuel BSIF 2005-2006. Une question d'équilibre*. Ottawa, Ministère des travaux publics et services gouvernementaux, 2006, 90p. www.osfi-bsif.gc.ca/osfi/index_f.aspx?DetailID=648
http://dsp-psd.tpsgc.gc.ca/Collection/IN-2006F.pdf

Bureau du surintendant des institutions financières (2007). *Rapport annuel BSIF 2006-2007. Tracer la voie*. Ottawa, Ministère des travaux publics et services gouvernementaux, 2007, 103p. www.osfi-bsif.gc.ca/osfi/index_f.aspx?DetailID=648

Cabinet d'avocats Gariépy & associé (2007). *Pour vous défendre d'accusation de menaces et de voies de fait*. Consulté le 19 décembre 2007. Cabinet d'avocats Gariépy et associés, droit criminel et pénal Menaces

Canada (1887). *Actes du Parlement du Canada relatif à la loi criminelle, à la procédure dans les affaires criminelles et à la preuve*. Ottawa, Imprimeur des lois de sa Très excellente Majesté, 1887, extraits des Statuts révisés du Canada.

Canada (1978). *Le pardon conformément à la Loi sur le casier judiciaire, casier judiciaire No 165318*. Ottawa, Commission nationales des libérations conditionnelles, 1978, bilingue, 14 + 14 p.

Canada (1982). *Le pardon conformément à la Loi sur le casier judiciaire*. Ottawa, Ministre des Approvisionnements et Services Canada, 1982, bilingue, 12 + 12 p.

Canada (1984). *Le pardon conformément à la Loi sur le casier judiciaire*. Ottawa, Ministre des Approvisionnements et Services Canada, 1984, bilingue, 13 + 11 p.

Canada (1986). *Le pardon conformément à la Loi sur le casier judiciaire*. Ottawa, Commission nationales des libérations conditionnelles, 1986, bilingue, 8 + 7 p. et appendice Les instructions pour les demandes de pardon.

Canada (1988). *La réhabilitation conformément à la Loi sur le casier judiciaire*. Ottawa, Commission nationales des libérations conditionnelles, 1986, bilingue, non paginé, incluant les formules et Les instructions pour les demandes de pardon.

Canada (1991). *Titre : Proposition de réforme de la Loi sur le casier judiciaire*. Ottawa, document préparé par le Solliciteur général du Canada, 20 juillet 1991, 15p.

Canada (1994a). *Systèmes d'information sur les délinquants sexuels qui s'en prennent à des enfants. Document de travail*. Ottawa, Groupe de travail interministériel spécial concernant les systèmes d'information sur les délinquants sexuels qui s'en prennent à des enfants, 1994, 21p.

Canada (1994b). *Rapport du groupe de travail interministériel spécial concernant les systèmes d'information sur les délinquants sexuels qui s'en prennent à des enfants*. Ottawa, Ministre des Approvisionnements et Services Canada, 1994, 22p. + annexes

Canada (1999). *Les assurances multirisques au Canada*. Ottawa, Ministère des finances, Le secteur des services financiers canadiens.
www.fin.gc.ca/tocf/1999/propertyf.html

Canada (2001). *Les assurances multirisques au Canada*. Ottawa, Ministère des finances, Le secteur des services financiers canadiens. Mise à jour novembre 2001.
www.fin.gc.ca/tocf/2001/property_f.html

Canada (2001). *L'industrie canadienne des assureurs de personnes*. Ottawa, Ministère des finances, Le secteur des services financiers canadiens. Mise à jour août 2001.
www.fin.gc.ca/tocf/2001/health_f.html

Canada (2003). *Les assurances multirisques au Canada*. Ottawa, Ministère des finances, Le secteur des services financiers canadiens. www.fin.gc.ca/tocf/2003/property_f.html

Canada (2005). *Le secteur canadien des services financiers*. Ottawa, Ministère des finances, Le secteur des services financiers canadiens. www.fin.gc.ca/tocf/2005/fact-cfssf.html

CGI (2004). *Défis en matière de prévention de la fraude à l,assurance et valeur de l'impartition des activités d'une unité spéciale d'enquête*. Montréal. CGI, 2004, 9p. intuitive.co.uk/cgi/pdf/cgi_whpr_46_fraud_SIU_f.pdf

Chassagnon, A. et P.A. Chiappori (1997), «Insurance under Moral Hazard and Adverse Selection: the Case of Pure Competition», Cahier de recherche, DELTA.

Clarke, Michael (1992). L'ampleur de la fraude, **dans** Jean-Louis Fortin et Jacques D. Girard (sous la direction de), *La fraude à l'assurance*, Bureau d'assurance du Canada, 1992, p. 49-66.

Coalition canadienne contre la fraude à l'assurance (2000). *Le Palmarès canadien des dix fraudes à l'assurance de l'année*. Communiqué, 19 décembre 2000, Toronto, CCCFA. http://mesfinances.branchez-vous.com/communiques/fr/INS/2000/12/c4919.html

Coalition canadienne contre la fraude à l'assurance (2002). *La CCCFA publie le palmarès des dix fraudes à l'assurance de 2002*. Communiqué, 18 décembre 2002, Toronto, CCCFA. http://info.branchez-vous.com/communiques/cnw/INS/2002/12/c4783.html

Coalition canadienne contre la fraude à l'assurance (s.d.). *La criminalité*. Toronto, BAC, Service d'enquête. www.fraudcoalition.org/francais/industrie_lacriminalite.asp

Commission nationale des libérations conditionnelles (1978). *Le pardon conformément à la Loi sur le casier judiciaire*. Ottawa, Ministre des Approvisionnements et Services Canada, 1978, bilingue, 12 + 12 p.

Commission nationale des libérations conditionnelles (1991). *Système correctionnel, mise en liberté sous condition et incarcération : vue d'ensemble statistique*. Ottawa, CNLC et Service correctionnel Canada, 1991, 120p.

Commission nationale des libérations conditionnelles (1997). *Livret de demande de réhabilitation*. Ottawa, Ministre des Travaux publics et Services gouvernementaux Canada, janvier 1997, bilingue, 6 + 6 p. avec 4 formules et une bande d'encrage; réimpression en 1998.

Commission nationale des libérations conditionnelles (1998). *Rapport sur le rendement pour la période se terminant le 31 mars 1998*. Ottawa, Ministre des travaux publics et Services gouvernementaux, 1998, 32p. www.tbs-sct.gc.ca/rma/dpr/97-98/NPB97dprF.pdf

Commission nationale des libérations conditionnelles (2000). *Rapport sur le rendement pour la période se terminant le 31 mars 2000*. Ottawa, Ministre des travaux publics et Services gouvernementaux, 1998, 56p.
http://www.tbs-sct.gc.ca/rma/dpr/ 99-00/NPB-CNLC/NPB9900dpr02_f.htm -

Commission nationale des libérations conditionnelles (2003). *Rapport de surveillance du rendement 2002-2003*. Ottawa, CNLC, division de la mesure du rendement, juillet 2003, xix +196p. http://www.npb-cnlc.gc.ca/reports/report_f.htm
www.npb-cnlc.gc.ca/reports/pdf/pmr2002-2003_f.pdf

Commission nationale des libérations conditionnelles (2005). *Questions souvent posées au sujet des réhabilitations*. www.npb-cnlc.gc.ca/infocntr/factsh/pardonfaq_f.htm

Commission nationale des libérations conditionnelles (2006). *Rapport de surveillance du rendement 2005-2006*. Ottawa, CNLC, division de la mesure du rendement, juillet 2006, xix + 248p. http://www.npb-cnlc.gc.ca/reports/report_f.htm

Commission nationale des libérations conditionnelles (2007). *LES FAITS: La réhabilitation 10/2000*. Consulté le 19 décembre 2007. LES FAITS: La réhabilitation

Commission ontarienne des droits de la personne (1999). *Les assurances et les droits de la personne. Document de travail*. Toronto, Commission ontarienne des droits de la personne. 1999, 60p.

Commission ontarienne des droits de la personne (2001). *Les assurances et les droits de la personne : Rapport de consultation*. Toronto, Commission ontarienne des droits de la personne, 2001, 34p. www.ohrc.on.ca/fr/resources/policy/insurance

Community Legal Information Association of PEI (2007). *Les agressions et la loi, un guide à l'intention des femmes*. Consulté le 19 décembre 2007. www.isn.net/cliapei/64f.html

Constant, Jean (1966). *Traité élémentaire de droit pénal. Principes généraux du droit pénal positif belge. Tome II les peines et les mesures de sûretés*. Liège, Imprimerie nationale, 1966, p. 615-1177.

Coopers & Lybrand (1998). *L'industrie de l'assurance générale*. Ottawa, Ministère des Finances, Groupe de travail sur l'avenir du secteur des services financiers, septembre 1998, 33p. + annexes. dsp-psd.pwgsc.gc.ca/Collection/F21-6-1998-15F.pdf dsp-psd.pwgsc.gc.ca/Collection-R/ LoPBdP/PRB-f/PRB0354-f.pdf

Delumeau, Jean (1989). *Rassurer et protéger. Le sentiment de sécurité dans l'Occident d'autrefois*. Paris, Fayard, 1989, 667p.

Deslauriers, Patrice (2003). La déclaration du risque et le nouveau Code civil : Qui est ce mystérieux « assuré normalement prévoyant » ? », **dans** *Mélanges Jean Pineau*, sous la direction de Benoît Moore, Montréal, Ed. Thémis, 2003, p. 249-268.

Dionne, Georges, Anne Gibbens et Pierre St-Michel (1992). Conséquence de la fraudde à l'assurance, **dans** Jean-Louis Fortin et Jacques D. Girard (sous la direction de), *La fraude à l'assurance*, Bureau d'assurance du Canada, 1992, p. 79-124.

Dumont, Hélène (1993). Pénologie : le droit canadien relatif aux peines et aux sentences. Montréal, Thémis, 1993, 684p.

Dumont, Hélène (1995). Le casier judiciaire : criminel un jour, criminel toujours ? **dans** André Poupart (textes réunis par), *Le respect de la vie privée dans l'entreprise : de l'affirmation à l'exercice d'un droit – Journées Maximilien-Caron 1995*, Montréal, Thémis, 1996, p. 105-140.

Duprat, François (2004). Questions de nullité : le passé de l'assuré, **dans** *Développements récents en droit des assurances*, Cowansville, Yvon Blais, service de la formation permanente du Barreau, volume 202, p. 43-63.

Dupuis, Max (1957). Préface, **dans** R. Caron, *Le casier judiciaire : manuel pratique*, Paris, Cujas, 1957, p. 7-8.

École nationale de police du Québec (2007). *Mémoire de l'intervenante École nationale de police du Québec*. Cour Suprême du Canada, Ville de Montréal c. Commission des droits de la personne et des droits de la jeunesse, dossier 31551, Québec, 22 octobre 2007, 16p.

Elek, Christian (1988). *Le casier judiciaire*. Paris, PUF, Que sais-je no. 2419, 1988, 126p.

Ewald, Rançois (1986). *L'État providence*. Paris, Grasset, 1986, 608p.

Fagart, Marie-Cécile et Bidénam Kambia-Chopin (2003). *Aléa moral et sélection adverse sur le marché de l'assurance*. Février 2002.
www.thema.u-paris10.fr/papers/DT/2002-09Fagart.PDF

Fagart, Marie-Cécile et Bidénam Kambia-Chopin (2003). *Aléa moral et sélection adverse sur le marché de l'assurance*. Paris, INSEE, Institut National de la Statistique et des Etudes Economiques, CREST. Centre de Recherche en Economie et Statistique, Malakoff., Document de travail du CREST 2003-39, 2003, 22 p. www.adres.polytechnique.fr/JD/archive.htm
www.crest.fr/doctravail/liste.htm

Fagart, Marie-Cécile et Bidénam Kambia-Chopin (2004). *Aléa moral et sélection adverse sur le marché de l'assurance*. www.crest.fr/pageperso/fagart/ChopinFagart.pdf

Fahnrich, Eberhard et Nicole Ulbricht (2006). Nouvelles manières d'aborder la détection des fraudes. Paris, General Re Corporation et Kölnische Rückversicherungs Gesellschaft GC. Thèmes No. 14, novembre 2006, 5 p. www.genre.com/sharedfile/pdf/Themes14_Fraud-fr.pdf

Fédération française des sociétés d'assurance (2006). Bernard Foussat, directeur de l'Agence pour la lutte contre la fraude à l'assurance (Alfa), *Assurer* 80 ;2-3, octobre 2006.
http://www.ffsa.fr/WebFFSA/portailffsa.nsf/ html/assurer802006/$file/Assurer80bis.pdf -

Foviaux, Jacques (1970). *La rémission des peines et des condamnations : droit monarchique et droit moderne*. Préface de Robert Vouin. Paris, PUF, 1970, 189p.

Fortier, Jean-Louis (1992). La problématique du colloque, **dans** Jean-Louis Fortin et Jacques D. Girard (sous la direction de), *La fraude à l'assurance*, Bureau d'assurance du Canada, 1992, p. 15-38.

Foucault, Michel (1975). *Surveiller et punir : naissance de la prison*. Paris, Gallimard, 1975, 318p.

Fournier, Jacques Pascal (2003). *Existe-t-il un ou des profils types de fraudeurs à l'assurance ? Analyse des risques et mesures de prévention*. Neuchâtel, Haute école de gestion de Neuchâtel, travail de diplôme, 24 janvier 2003, 54p.
www.he-arc.ch/hearc/fr/ilce/download_ILCE/travaux_diplomes/travail_diplome_fournier.pdf
www.he-arc.ch/hearc/fr/ilce/RechercheService/RechercheService/TravauxDiplomes.html

France (2001). *Le casier judiciaire national : un peu d'histoire récente…*, Ministère de la justice, avril 2001, www.justice.gouv.fr/cjn/histoire.htm

Frégeau, Serge (1982). De la notion juridique de casier judiciaire. (1982) 27 C.R. (3d) 26-55.

Haggart, Blayne (2004). Les catastophes naturelles – offre et coût de l'assurance. Ottawa, Bibliothèque du Parlement, Service d'information et de recherche parlementaires, PRB 03-54F, révisé le 4 juin 2004, 23p.
dsp-psd.pwgsc.gc.ca/Collection-R/ LoPBdP/PRB-f/PRB0354-f.pdf-

Halperin, Jean (1946). *Les Assurances en Suisse et dans le monde. Leur rôle dans l'évolution économique et sociale*. Neufchâtel, de la Baconnière, 1946, 275p.

Harper, Stephen (2006). Allocution d'ouverture présentée aux délégués et aux invités assistant à l'Assemblée du conseil exécutif de l'ACPP à Ottawa. Ottawa, Association canadienne des policiers, 3 avril 2006. *ACPP Express* 67 ;8-9,2006 été.
www.cbupub.com/express/67_fre/67_fre.pdf

Henriet, Dominique (2003). Paiements prospectifs, tarification à la pathologie, concurrence par comparaison, dans *Fondements théoriques et références bibliographiques*, Paris, Ministère de la santé, Mission Tarification à l'Activité, 14 juillet 2003, p. 1-8.
www.chgweb.org/article.php3?id_article=210

Hoggson, Glen et Hendrik Brakel (2004). *Le cycle des primes d'assurance : vers des temps meilleurs* ? Ottawa, Exportation et développement Canada.
www.edc.ca/french/docs/08_04_the_insurance_cycle_f.pdf

Jorion, Philippe (2002). *La gestion du risque après le 11 septembre 2001*. Conférence présenté lors de l'attribution du Prix Gérard-Parizeau. Montréal, Hautes Études Commerciales, Université de Montréal, 10 avril 2002.
www.hec.ca/fonds.gerard-parizeau/conferences/conference2002.html

Kambia-Chopin , Bidénam (2003). Coût de l'autoprotection et équilibre d'un marché de l'assurance concurrentiel. *Revue d'analyse économique* 79.
http://www.erudit.org/revue/ae/2003/v79/n3/009903ar.pdf

Kellens, Georges (1991). *Précis de pénologie et de droit des sanctions pénales*. Liège, Faculté de droit de Liège, 1991, 311p.

Lascoumes, Pierre, Pierrette Poncella et Pierre Lenoël (1989). Au nom de l'ordre. Une histoire politique du code pénal. Paris, Hachette, 1989, 404p.

Le Garrec, Sophie (2004). Risque-s : l'ambiguïté d'un concept. Communication présentée au Colloque International « Acteur, risque et prise de risque à l'épreuve des sciences sociales », Clersé, Lille, 25 et 26 novembre 2004. 13p. *Actes du colloque*, p. 276-290.
www.univ-lille1.fr/clerse/site_clerse/ pdf/pdfnews/colloque_risque.pdf -

Lemaitre, André (2000). Assurance, risque et criminologie. *Revue de droit pénal et de criminologie* 80(3) ;297-308, 2000.

Lescop, Renée et Philippe de Massy (1981). *Les antécédents judiciaires dans les lois administrées par le ministère de la Justice*. Montréal, Commission des droits de la personne du Québec, 1981, 80p.

Mackaay, Ejan (1993). Assurance sociale et responsabilité. Revue des études humaines p. 23-39. www.libres.org/francais/dossiers/protection_sociale/protection_p6_texte5.htm

Mackaay, Ejan (2000). Analyse économique du droit : Scolie sur le risque et l'assurance. *Revue juridique Thémis* 34(1); 159-190, 2000. www.themis.umontreal.ca/pdf/rjtvol34num1/mackaay.pdf

Marquis, Jacques (1977). Le crime économique. *Criminologie* 10(1);79-93,1977. www.erudit.org/revue/crimino/1977/v10/n1/017067ar.pdf

Merrien, François-Zavier (1996). Il faut bâtir un Etat-providence à l'européenne. Propos recueillis par Pietro Boschetti, journaliste RP, Allez Savoir, journal de l'Université de Lausanne #4, 1996. www2.unil.ch/spul/allez_savoir/as4/4.Merrien.html

Merrien, François-Zavier (1997). L'État-provience. Paris, PUF, Que sais-je # 3249, 1997, 128p.

Michel-Kerjan, Erwann (2005). *Protection financière des infrastructures critiques : incertitude, assurabilité et risque terroriste*. Paris, Institut Veolia Environnement, Rapport N° 3, mai 2005, 55p. www.institut.veolia.org/fr/travaux/etude-prospective.aspx www.institut.veolia.org/fr/ressources/ cahiers/C5DC6AySBF53oE53737837Wp.pdf - ceco.polytechnique.fr/CDD/PDF/2005-004.pdf -

More, Thomas (1516). L'Utopie. Traduction nouvelle par Victor Stouvenel avec une introduction, une notice bibliographique et des notes par le traducteur, Paris, Paulin, 1842, 308p.; Paris, À l'enseigne du Pot cassé, 1935, 199p.; Paris, Nouvel Office d'édition, 1965, 206p.; *L'Utopie, Discours du très excellent homme Raphaël Hythloday sur la meilleure constitution d'une République*, traduction de Victor Stouvenel, revue et corrigée par Marcelle Bottigelli-Tisserand, Paris, Éditions sociales, 1966, 207p.; *L'Utopie ou le traité de la meilleure forme de gouvernement*, texte latin édité et traduit par Marie Delcourt, Genève, Droz, 1983, 218 + xii + 153p.; présentation et notes par Simone-Goyard-Fabre, Paris, Flammarion, GF 460, 1987, 248p. Extraits **dans** Jean Claude Bernheim, *Criminologie, Idées et théories : de l'antiquité à la première moitié du 20e siècle*, Montréal, Méridien et Cursus universitaire, 1998, p. 131-144.

Moreau, Michel (1992). Les fondements de l'assurance et la fraude, **dans** Jean-Louis Fortin et Jacques D. Girard (sous la direction de), *La fraude à l'assurance*, Bureau d'assurance du Canada, 1992, p. 39-48.

National Insurance Crime Bureau (s.d.). *Insurance fraud : understanding the basics*. Des Plaines (IL), s.d., 1 p. www.nicb.org/cps/rde/xchg/SID-4031FE9B-9DD55B06/nicb/hs.xsl/87.htm

Ouimet, Roger et *ali* (1969). *Rapport du Comité canadien de la réforme pénale et correctionnelle. Justice pénale et correction : un lien à forger*. Ottawa, Imprimeur de la Reine, 1969, 554p.

Picard, Pierre (2000). *Les nouveaux enjeux de la régulation des marchés d'assurance*. Conférence présentée dans la série des Conférences Jules Dupuit. Paris, 23 novembre 2000, THEMA Working Papers n° 2000-53, 42p. www.u-cergy.fr/IMG/2000-53Picard.pdf http://ideas.repec.org/s/ema/worpap.html

Poncela, Pierrette (1995). *Droit de la peine*. Paris, PUF, 445p.

Pozo, José Hurtado (1979). Casier judiciaire, **dans** Faculté de droit et des sciences économiques de l'Université de Neuchâtel, *Casier judiciaire et réhabilitation : actes des « Journées de Neuchâtel »*, Neuchâtel, Ides et Calendes, 1982, p. 29-38.

PricewaterhouseCoopers (2003a). *Enquête sur la fraude dans les entreprises en France, en Europe et dans le monde*. Paris, PricewaterhouseCoopers, 2003, 10p.

www.pwc.fr/fr/pwc_pdf/pwc_fraud_survey_2003.pdf

PricewaterhouseCoopers (2003b). *Economic crime survey 2003*. PricewaterhouseCoopers, 2003, 20p. www.pwc.fr/european_crime_survey_2003.html www.som.yale.edu/faculty/Sunder/FinancialFraud PwC%20Economic%20Crime%20Survey%202003.pdf

PricewaterhouseCoopers (2005a). *Enquête sur la fraude dans les entreprises en France, en Europe et dans le monde*. Neuilly-sur-Seine, PricewaterhouseCoopers, 2005, 14p. www.pwc.com/gx/eng/cfr/gecs/PwC_GECS05_France.pdf

PricewaterhouseCoopers (2005b). *Global economic crime survey 2003*. PricewaterhouseCoopers, 2005, 30p. www.pwc.com/extweb/insights.nsf/docid/D1A0A606149F2806852570C0006716C0

Prins, Adolphe (1899). *Science pénale et droit positif*. Bruxelles et Paris, Bruylant et Marescq, 1899, 589p.

Procureur général du Québec (2007). *Mémoire de l'intervenant, le Procureur général du Québec*. Cour Suprême du Canada, Ville de Montréal c. Commission des droits de la personne et des droits de la jeunesse, dossier 31551, Québec, 25 octobre 2007, 20p. + annexes.

Ramaux, Christophe (2003). Comment penser l'État social au delà du risque et des assurances sociales ? Communication au Forum de la Régulation, 9 septembre, Paris, 23p. www.matisse.univ-paris1.fr/doc2/RR_2003_ramaux.pdf

Rapport du Comité canadien de la réforme pénale et correctionnelle (1969). *Justice pénale et correction : un lien à forger*. Ottawa, Imprimeur de la Reine, 1969, 554p.

Raynaud, Bénédicte (1988). Le contrat de travail dans le paradigme standard. *Revue Française d'Économie* 3(4) ;157-194,1988.

Raynaud, Jacques et Yvan Stringer (2006). Problèmes d'information imparfaite, **dans** *Problèmes et politiques économiques*, Montréal, Hautes études commerciales, Recueil de textes # 2851H, 2006. p. 61.1-16.34.

Rey, Alain (sous la direction de) (1992). *Dictionnaire historique de la langue française*. Paris, Dictionnaire Le Robert, 1993, 2 volumes, 2 387p.

Rinfret (1964) dans *Compagnie d'assurance Royal c. Gauthier*, 1964 , B.R. 888 cité **dans** *GMAC Location Ltée c. Compagnie mutuelle d'assurance Wawanesa*, Cour du Québec (C.Q.), Chambre civile, Montréal, 500-22-059454-010, 15 octobre 2003, 5 p.

Rosenwald, Guillaume (200?). *Comment l'assurance privée cherche-t-elle à réduire les risques?* Communication présentée lors du Séminaire Prévention et assurance organisé par la section recherche (MiRe) de la Direction de la recherche des études, de l'évaluation et des statistiques (DREES). Paris, Ministère de la santé, non paginé. www.sante.gouv.fr/drees/seriemire/19juin.pdf

Royal Sunalliance (2002). *Pourquoi les primes d'assurances augmentent-elles* ? Dépliant, 2002, 2p. www.groupelyras.ca/info/Royal-74316F_feb2002.pdf

Schultz, Hans (1979). Rapport de synthèse, **dans** Faculté de droit et des sciences économiques de l'Université de Neuchâtel, *Casier judiciaire et réhabilitation : actes des « Journées de Neuchâtel »*, Neuchâtel, Ides et Calendes, 1982, p. 54-67.

Schmelck, Robert et George Picca (1967). *Pénologie et droit pénitentiaire*. Paris, Cujas, 1967, 369p.SCOR (2002). Les incidents des attentats du 11 septembre 2001 sur les pratiques en assurances de personnes. Paris, *Newsletters techniques SCOR Vie*, #6 septembre 2002, 4p.

Sécurité publique et Protection civile Canada (2004). *Aperçu statistique : le système correctionnel et la mise en liberté sous condition*. Ottawa, Sécurité publique et Protection civile Canada, décembre 2004, 100p.
ww2.ps-sp.gc.ca/publications/ corrections/Stats2004_f.asp-

Sécurité publique et Protection civile Canada (2006). *Aperçu statistique : le système correctionnel et la mise en liberté sous condition*. Ottawa, Sécurité publique et Protection civile Canada, décembre 2006, 108p. www.publicsafety.gc.ca/res/cor/ rep/_fl/FINAL French CCRSO 2006.pdf - http://www.securitecanada.ca/ link_f.asp?category=2&topic=116 -

Sécurité publique et Protection civile Canada (2007). *Aperçu statistique : le système correctionnel et la mise en liberté sous condition*. Ottawa, Sécurité publique et Protection civile Canada, décembre 2007, 108p. http://www.securitepublique.gc.ca/res/cor/rep/ccrso2007-fra.aspx

Seigneur, Viviane (200 ?). L'acteur preneur de risque : des figures comportementales multiples ? Les problèmes de définition du risque, dans Danilo Martuccelli et Richard Sobel, Actes du Colloque *Acteur, risque et prise de risque à l'épreuve des sciences sociales*, sans lieu ni date.

Service correctionnel Canada (2001). *Faits et chiffres sur le Service correctionnel fédéral. Edition 2001*. Ottawa, Travaux publics et service gouvernementaux Canada, 2001, 61p.

Service de police de la CUM (1982). Texte présenté par le Service de police de la CUM, **dans** SCQ, *Le casier judiciaire, le pardon et la clémence au Canada : une législation à remanier*. Montréal, Société de criminologie du Québec, mars 1982, p. 201-208.

Service de police de Laval (1982). Texte présenté par le Service de police de Laval, **dans** SCQ, *Le casier judiciaire, le pardon et la clémence au Canada : une législation à remanier*. Montréal, Société de criminologie du Québec, mars 1982, p. 209-218.Société d'assurance-dépôts du Canada (s.d.). *Risque moral*. Le Groupe d'étude sur l'assurance-dépôts. Ottawa. www.cdic.ca/?id=135
Société de criminologie du Québec, (1982). *Le casier judiciaire, le pardon et la clémence au Canada : une législation à remanier*. Montréal, Société de criminologie du Québec, mars 1982, 255p.

Solliciteur général Canada (1997). *Faits et chiffres sur les services correctionnels au Canada.* Ottawa, Ministres des Approvisionnements et Services Canada, 1997, 80p.

Solliciteur général Canada (2002). *Aperçu statistique : le système correctionnel et la mise en liberté sous condition.* Ottawa, Solliciteur général Canada, novembre 2002, 96p.

Soyer, Jean-Claude (1972). *Manuel de droit pénal et de procédure pénale.* Paris, L.G.D.J., 1987, 7e édition, 386p.

Statistique Canada (2005). Statistique de la criminalité au Canada, 2004. Ottawa, Ministre de l'Industrie, 2005, Statistique Canada, Catalogue No 85-002-XIF, *Juristat* 25(5) ;1-23,2005 www.statcan.ca/bsolc/francais/bsolc?catno=85-002-X20050058076

Statistique Canada (2007). Statistique de la criminalité au Canada, 2006. Ottawa, Ministre de l'Industrie, 2005, Statistique Canada, Catalogue No 85-002-XIF, *Juristat* 27(5) ;1-16,2007 www.statcan.ca/bsolc/francais/bsolc?catno=85-002-X200700510293

Stefani, Gaston, Georges Levasseur et Bernard Bouloc (1997). *Droit pénal général.* Paris, Dalloz, 1997, 638p.

Szpirglas, Mathias (2005). Gestion des risques et quiproquos. L'apport d'une théorie de la conception. *Revue Française de Gestion* 32/161;67-90,2006 www.cgs.ensmp.fr/publications/siteArticleconception1/Szpirglas2005risquesetquiproquosfinal.pdf

Théorie Finance (2005). Théorie financières et intermédiation. Le hasard moral. 19 juin 2005. www.theoriefinance.canalblog.com/archives/hazard_moral/index.html

Tremblay, Pierre, Brigitte Massé et Yvan Clermont (1992). Les fraudes en assurances générales, **dans** Jean-Louis Fortin et Jacques D. Girard (sous la direction de), *La fraude à l'assurance*, Bureau d'assurance du Canada, 1992, p.127-168.

Tremblay, Pierre, Jean-Luc Bacher, Manon Tremblay et Maurice Cusson (1998a). *Dilemme du tricheur : analyse stratégique de la majoration des réclamations d'assurance.* Montréal, Université de Montréal, École de criminologie, Cahier de l'école de criminologie N° 20, 1998, 28p. www.crim.umontreal.ca/ cours/cri1600/prepress/cahier20.pdf

Tremblay, Pierre, Jean-Luc Bacher, Manon Tremblay et Maurice Cusson (1998b). Gonflement des demandes d'indemnisation pour vol et seuil de tolérance des assureurs : une analyse expérimentale de discussion situationnelle. *Revue canadienne de criminologie* 42(1) ;21-38,2000.

Tulkens, Françoise et Michel van de Kerchove (1991). *Introduction au droit pénal.* Diegem (Belgique), Kluwer Éditions Juridiques Belgique, 5e édition, 1999, 669p.

Vignola, Henri-Paul (1982). Texte présenté par le Service de police de la CUM, **dans** SCQ, *Le casier judiciaire, le pardon et la clémence au Canada : une législation à remanier.* Montréal, Société de criminologie du Québec, mars 1982, p. 201-208.

Ville de Montréal (2007). *Mémoire de l'appelante.* Cour Suprême du Canada, Ville de Montréal c. Commission des droits de la personne et des droits de la jeunesse, dossier 31551, Montréal, 5 juin 2007, 40p. + annexes.

Voute, A. (1987). La fraude en assurance. *Revue générale des assurances terrestres* 59(3) ;233-238,1988.

Wallace-Capretta, Suzanne (2000). Les délinquants réhabilités au Canada » Une analyse statistique. Ottawa, Travaux publics et Services gouvernementaux Canada, Ministère du Solliciteur général, mars 2000, 26p.

http://ww2.ps-sp.gc.ca/publications/corrections/200002_f.asp

[1] Veuillez noter que les liens hypertextes ne sont pas toujours conservés par les auteurs, particulièrement en ce qui concerne les documents produits par le gouvernement du Canada.
[2] Veuillez noter que lorsque vous cherchez des documents du BAC, ceux-ci peuvent ne plus se retrouver sur le site indiqué. En effet, depuis que nous avons contacté le BAC, nous avons constaté des changements dans leur site. De plus, pour les non initiés, il peut y avoir confusion entre le site du BAC et celui de la Coalition canadienne contre la fraude à l'assurance puisque c'est le BAC qui héberge ce site.

# *Bibliographie jurisprudentielle relative au casier judiciaire et les assurances multirisques*[1]


(71) 9091-1504 Québec inc. c. Axa Assurances Inc., Cour du Québec, Chambre civile, Montréal, 500-22-070491-025, 16 juin 2003, 12 p.

(43) 9106-5003 Québec inc. c. Optimum Société d'Assurance inc., Cour supérieure, (C.S.), Drummondville, 405-17-000312-038, 18 novembre 2005, 11 p.

(47) 9113-5301 Québec inc. c. Wawanesa, compagnie d'assurance mutuelle, Cour du Québec, Chambre civile, Montréal, 500-22-106802-054, 13 février 2006, 5 p.

(48) Accomodation R.D. inc. c. Axa Assurances Inc., Cour du Québec (C.Q.), Chambre civile, Division des petites créances, Montréal, 500-32-084550-047, 15 février 2006, 3 p. ; 2006 QCCS 1388

(79) Ali c. Assurance générales des caisses Desjardins, Cour du Québec (C.Q.), Chambre civile, Montréal, 500-22-053862-010, 5 avril 2002, 6 p.

(58) Arel c. Groupe Commerce, compagnie d'assurances, Cour du Québec (C.Q.), Chambre civile, Athabaska, 415-02-001143-961, 6 juillet 1999, 13 p. ; AZ-99036534 ; B.E. 99BE-997.

(7) Alliance Ins. Co. C. Laurentian Colonies, 1953 B.R. 241 à 290

(14) Aubé c. Assurance générales des caisses Desjardins inc., Cour du Québec (C.Q.), 450-02-002535-964, 23 novembre 1998, 5 p. ; AZ-99121031 ; [1999] R.L. 369 à 371

(3) Barladian c. Groupe Desjardins (Le), 1987 R.R.A. 517 à 522 ; AZ-87025027

(30) Beauseigle c. Compagnie mutuelle d'assurance Wawanesa, Cour du Québec (C.Q.), Chambre civile, Montréal, 500-22-090095-038, 22 décembre 2005, 12 p.

Bélanger c. Axa Assurances, Cour supérieure (C.S.), Québec, 200-17-002056-000, 19 juillet 2002, 14 p.; REJB 2002-32537.

Bergeron c. Lloyd's Non-Marine Underwriters, Cour du Québec (C.Q.), Montréal, 500-22-037830-992, 8 décembre 2000.

(19) Bergeron c. Lloyd's Non-Marine Underwriters, Cour d'Appel (C.A.), Montréal, 500-09-010512-010, 8 février 2005, 8 p. ; AZ-502977462 ; J,E, 2005-430 ; 2005 QCCA 194 ; 2005 R.R.A. 20

(61) Berthelet c. La Compagnie d'Assurance Missisquoi, Cour supérieure (C.S.), St-François (Sherbrooke),450-05-000292-942, 16 janvier 1996, 7p. ; AZ-9602333; J.E. 96-848 ; 1996 R.R.A. 428 à 433

(78) Bolduc c. Wawanesa, Cour du Québec (C.Q.), Chambre civile, St-Jérome, 700-22-009227-025, 19 mai 2004, 10 p.

(46) Bouchard c. Wawanesa, compagnie d'assurance, Cour du Québec (C.Q.), Chambre civile, Montréal, 500-22-008234-976, 23 novembre 1998, 4 p.

(94) Bouchard c. Groupe Commerce, Cour du Québec (C.Q.), Chambre civile, Division des petites créances, La Pocatière, 260-32-000012-016, 11 mars 2002, 13 p.

(82) Bourdon c. Compagnie d'assurance Guardian, Cour du Québec (C.Q.), Chambre civile, Montréal, 500-02-077402-993, 24 septembre 2001, 6 p.

(101) Brousseau c. SSQ Société d'Assurance Générales inc., Cour du Québec (C.Q.), Chambre civile, Division des petites créances, Québec, 200-32-035543-049, 15 juillet 2005, 6 p.

Cadoret c. Promutuel Dorchester, s.m.a.g., compagnie d'assurances, Cour du Québec (C.Q.), Chambre civile, Québec, 200-22-030950-042, 28 juin 2006, 10p.

(106) Carrier c. Assurances Générales des Caisses Desjardins, Cour du Québec (C.Q.), Chambre civile, Division des petites créances, Québec, 200-32-033925-032, 27 septembre 2004, 2 p.

(68) Carrière c. Le Groupe Commerce, compagnie d'assurances, Cour supérieure (C.S.), Montréal, 500-05-051204-996, jugement rendu oralement le 20 novembre 2002, 13 février 2003, 5 p.

(44) Charette c. Promutuel l'Abitibienne, Cour du Québec (C.Q.), Chambre civile, Abitibi (Val-d'Or), 615-22-000429-992, 2 novembre 2000, 6 p. ; AZ-50081413 ; B.E. 2001BE-11 ; REJB 2000-21675

(107) Charles c. Compagnie mutuelle d'assurance Wawanesa, Cour du Québec (C.Q.), Chambre civile, Division des petites créances, Châteauguay, 760-32-009341-043, 7 décembre 2005, 6 p.

(53) Chevrier c. La Compagnie d'Assurance Bélair, Cour du Québec (C.Q.), Chambre civile, Montréal, 500-22-088627-032, 26 avril 2005, 12 p.

Chouinard c, Compagnie d'assurance ING du Canada, Cour supérieure (C.S.), Terrebonne, 700-17-002090-040, 2 octobre 2007, 10p. ; 2007 QCCS 4465

(95) Cloutier c. Assurances Générales et Innovassur assurances générales, Cour du Québec (C.Q.), Chambre civile, Division des petites créances, Laval, 540-32-010892-014, 17 juillet 2002, 6 p.

(2) Compagnie mutuelle d'assurance Wawanesa c. GMAC Location ltée, Cour d'Appel (C.A.), Montréal, 500-09-013929-039, 8 février 2005, 14 p. - *Jugement de première instance* (9) ; AZ-50297465 ; E.Y.B. 2005-85990; J.E. 2005-429 ; 2005 QCCA 197 ; 2005 R.R.A. 25

(65) Contaratos c. Compagnie d'Assurance Allianz du Canada inc., Cour supérieure (C.S.), Laval, 540-17-000823-020, 20 avril 2004, 10 p.

(41) Cornelier c. Promutuel Les Prairies, Cour du Québec (C.Q.), Chambre civile, Longueuil, 505-22-005653-003, 8 mars 2002, 6 p.

Corporation Crédit Trans Canada c. Darline Duré et . Compagnie mutuelle d'assurance Wawanesa, Cour du Québec (C.Q.), Chambre civile, Montréal, 500-22-071919-024, 28 février 2003, 9 p.

(103) Côté c. Missisquoi compagnie d'assurance, Cour du Québec (C.Q.), Chambre civile, Division des petites créances, Chicoutimi, 150-32-004156-028, 5 mai 2004, 6 p.

(73) Couture c. AXA, compagnie d'assurance, Cour du Québec, Chambre civile, Montréal, 500-22-088869-030, 21 juin 2005, 9 p.

Crédit Ford du Canada ltée c. Compagnie d'assurance Bélair inc., Cour du Québec (C.Q.), B.E. 98BE-1280

(16) Crédit Ford du Canada ltée c. Fédération (La), compagnie d'assurance du Canada, Cour Supérieure (C.S.), Montréal, 500-17-004627-983, 19 janvier 2000, 8 p.; AZ-00021166 ; J.E. 2000-335 ; 2000 R.R.A. 149 à 152

(51) Crete c. Compagnie mutuelle d'assurance Wawanesa, Cour du Québec (C.Q.), Chambre civile, Division des petites créances, Victoriaville, 415-32-002911-025, 5 décembre 2002, 4 p.

(92) D'Auria c. La Fédération compagnie d'assurance du Canada, Cour du Québec (C.Q.), Chambre civile, Montréal, 500-22-040663-992, 17 octobre 2001, 7 p.

(100) Dagenais c. La Compagnie mutuelle d'assurance Wawanesa, Cour du Québec (C.Q.), Chambre civile, Division des petites créances, Laval, 540-32-012854-038, 11 décembre 2003, 4 p.

(112) Daniello c. La Fédération compagnie d'assurance du Canada, Cour du Québec (C.Q.), Chambre civile, Division des petites créances, Montréal, 500-32-062895-018, 25 avril 2002, 2 p.

(93) Demers c. L'Industrielle Alliance compagnie d'assurances générales, Cour du Québec (C.Q.), Chambre civile, Laval, 540-22-003501-995, 2 décembre 2002, 9 p.

(21) Denis c. Compagnie mutuelle d'assurance Wawanesa, Cour du Québec (C.Q.), Chambre civile, Gatineau, 550-32-010295-027, 14 juillet 2003, 5 p.

(83) Dery c. Promutuel Deux-Montagnes, Cour du Québec (C.Q.), Chambre civile, St-Jérome, 700-22-008508-029, 12 octobre 2005, 10 p.

(13) Desbiens c. Société nationale d'assurance inc., Cour supérieure (C.S.), Chicoutimi, 150-05-002609-016, 28 janvier 2004, 17 p. ; AZ-50217017 ; J.E. 2004-427 ; 2004 R.R.A. 128

(67) Desmarais c. Goupe CGU, Cour supérieure (C.S.), Sorel, 765-05-001402-020, 16 mars 2006, 35 p.

(33) Di Genova c. JEVCO Insurance Compagny, Cour du Québec (C.Q.), Chambre civile, Montréal, 500-22-065488-010, 23 mai 2003, 7 p.

(97) Duc c. Wawanesa, Cour du Québec (C.Q.), Chambre civile, Division des petites créances, Joliette, 705-32-006551-037, 31 mars 2004, 9 p.

Entreprise international Amscon, s.e.n.c. (Amscon International Ventures) c. Compagnie mutuelle d'assurances Wawanesa. Cour du Québec (C,Q.) Chambre civile, Montréal, 500-22-102806-042, 27 février 2007, 15p.

(113) Éthier c. Wawanesa compagnie mutuelle d'assurance, Cour du Québec (C.Q.), Chambre civile, Division des petites créances, Port-Cartier, 652-32-000366-048, 22 octobre 2004, 7 p.

(23) Filiatreault c. Compagnie mutuelle d'assurance Wawanesa, Cour du Québec (C.Q.), Chambre civile, Montréal, 500-22-075982-028, 3 mars 2004, 4 p.

(88) Filteau c. Wawanesa, compagnie mutuelle d'assurance, Cour du Québec (C.Q.), Chambre civile, St-Hyacinthe, 750-22-002139-024, 17 novembre 2003, 4 p.

(57) Ford c. La Garantie, compagnie d'assurance de l'Amérique du Nord, Cour Supérieure (C.S.), Chambre civile, Montréal, 500-05029065-974, 24 novembre 1999, 5 p. ; AZ-00026024 ; B.E. 2000 BE-83 ; REJB 1999-15461

(69) Fortin c. Assurances Générales des Caisses Desjardins, Cour du Québec (C.Q.), Chambre civile, Montréal, 500-22-071955-028, 5 novembre 2003, 17 p.

(15) Frigon c. Guardian du Canada, compagnie d'assurance, Cour du Québec (C.Q.), petite créance, Chicoutimi, 165-32-000201-958, 6 mars 1996, 14p. ; AZ-96031241 ; J.E. 96-1137 ; 1996 R.R.A. 899 à 903

(111) Galuchon c. La Compagnie mutuelle d'assurance Wawanesa, Cour du Québec (C.Q.), Chambre civile, Division des petites créances, Montréal, 500-32-071947-032, 19 décembre 2003, 2 p.

(63) Gamache c. Wawanesa, Cour du Québec (C.Q.), Chambre civile, Laval, 540-22-008914-052, 25 avril 2006, 5 p. ; 2006 QCCQ 3496

Gauthier c. Wawanesa, compagnie mutuelle d'assurance, Cour du Québec (C.Q.), Chambre civile, Division des petites créances, Gatineau, 550-32-014353-053, 15 janvier 2007, 9p.

(42) Germain c. Axa Assurances Inc., Cour du Québec (C.Q.), Chambre civile, Division des petites créances, Abitibi, 615-32-001941-010, 7 mars 2002, 3 p.

(10) Giaccio c. Constitution du Canada, Cour Supérieure (C.S.), Montréal, 500-05-004363-873, 27 avril 1989, 18 p.; AZ-89025025 ; 1989 R.R.A. 437 à 442

(56) GMAC Location Ltée c. Axa Assurances Inc., Cour du Québec (C.Q.), Chambre civile, Montréal, 500-22-026061-989, 5 décembre 2000, 11 p. ; AZ-01036054 ; B.E. 2001BE-197

GMAC Location Ltée c. Les Assurances Générales des Caisses Desjardins et 9064-3479 Québec inc. et Gérald Labonté, Cour du Québec (C.Q.), Chambre civile, Québec, 50124814.doc, 12 avril, 2002, 8 p.

(74) GMAC Location Ltée c. L'Union Canadienne, compagnie d'assurances, Cour du Québec (C.Q.), Chambre civile, Montréal, 500-22-051303-009, 11 juin 2002, 7 p.

(32) GMAC Location Ltée c. Compagnie mutuelle d'assurance Wawanesa, Cour du Québec (C.Q.), Chambre civile, Montréal, 500-22-068580-029, 29 mai 2003, 3 p.

(9) GMAC Location Ltée c. Compagnie mutuelle d'assurance Wawanesa, Cour du Québec (C.Q.), Chambre civile, Montréal, 500-22-059454-010, 15 octobre 2003, 5 p. - *Appel* (2)

(49) GMAC Location Ltée c. L'Industrielle-Alliance, compagnie d'assurances générales, Cour du Québec (C.Q.), Chambre civile, Québec, 200-22-021925-029, 13 novembre 2003, 14 p.

(72) GMAC Location Ltée c. L'Industrielle-Alliance, compagnie d'assurances générales, Cour du Québec (C.Q.), Chambre civile, Montréal, 500-22-072392-023, 16 février 2004, 12 p. ; AZ-50220894 ; J.E. 2004-1009 ; 2004 R.R.A. 686

(70) GMAC Location Ltée c. La Compagnie mutuelle d'assurance Wawanesa, Cour du Québec (C.Q.), Chambre civile, Montréal, 500-22-080347-035, 7 février 2005, 10 p.

(77) GMAC Location Ltée c. Les Assurances Générales des Caisses Desjardins, Cour du Québec (C.Q.), Chambre civile, Granby, 460-22-002142-032, 23 février 2005, 16 p.

GMAC Location Ltée c. Les Assurances Générales des Caisses Desjardins, Cour du Québec (C.Q.), Chambre civile, Montréal, 500-22-071471-026, 24 mars 2006, 6 p.

GMAC Location Ltée c. L'Union Canadienne, compagnie d'assurances, Cour du Québec (C.Q.), Chambre civile, Trois-Rivières, 400-22-003544-034, 18 mai 2006, 6 p.

(59) Guertin c. Le Groupe Commerce, compagnie d'assurances, Cour Supérieure (C.S.), Montréal, 500-17-000997-976, 29 juin 1998, 12 p. ; AZ-98026646 ; B.E. 98BE-1202 ; REJB 1998-07171

Guimond c. Prudentielle, compagnie d'assurance Ltée, Cour Supérieure (C.S.), 14 mars 1995; AZ-95021357; J.E. 95-876. Concerne l'assurance-vie.

Hajj Ali, faisant affaires sous les nom et raison sociale Boulangerie et pâtisserie oasis enr. c. Assuraances générales des Caisses Desjardins, Cour supérieure (c.S.), Montréal, 500-17-017911-036, 8 août 2007, 21p.; 2007 QCCS 3818

(62) Hamilton c. La Compagnie mutuelle d'assurance Wawanesa, Cour du Québec (C.Q.), Chambre civile, Division des petites créances, Drummondville, 405-32-004474-056, 3 février 2006, 6 p. ; 2006 QCCQ 616

(52) Hebert c. La Compagnie d'assurance mutuelle Wawanesa, Cour du Québec (C.Q.), Chambre civile, Division des petites créances, Montréal, 500-32-065595-029, 1er octobre 2002, 3 p.

Hugo c. La Compagnie mutuelle d'assurance Wawanesa, Cour du Québec (C.Q.), Chambre civile, Montréal, 500-22-131747-076, 13 février 2008, 14 p.; 2008 QCCQ 636

Ivichek c. Security National Insurance Compagny, Cour du Québec (C.Q.); REJB 1998-05766

Jecrois c. L'Équitable compagnie d'assurances générales, Cour du Québec (C.Q.); 1992 R.R.A. 994

(104) Kenwothy-Grant c. Assurances Générales Banque Nationale inc., Cour du Québec (C.Q.), Chambre civile, Division des petites créances, Montréal, 500-32-071618-021, 2 février 2004, 3 p.

Labrie c. Compagnie mutuelle d'assurance Wawanesa, Cour du Québec (C.Q.), 18 juillet 1997, 6p.; AZ-97035033; 1997 R. R. A. 879.

(102) Lagacé c. La Compagnie mutuelle d'assurance Wawanesa, Cour du Québec (C.Q.), Chambre civile, Division des petites créances, Longueuil, 505-32-015667-034, 10 octobre 2003, 5 p.

(105) Lahaie c. Promutuel Coaticook-Sherbrooke, société mutuelle d'assurance, Cour du Québec (C.Q.), Chambre civile, Division des petites créances, Sherbrooke, 450-32-010742-054, 5 juin 2006, 4 p.

(37) Lamarche c. Assurances Générales des Caisses Desjardins, Cour du Québec (C.Q.), Chambre civile, Montréal, 500-22-058463-012, 9 avril 2002, 4 p.

Landry c. St-Maurice cie Assurance, Cour du Québec (C.Q.), Kamouraska, 250-02-000118-940, 5 septembre 1995; 1995 J.Q. 3051 ; 1995 R.R.A. 1221

(89) Landry c. L'Union-Vie, compagnie mutuelle d'assurance, Cour supérieure (C.S.), Chambre civile, Trois-Rivières, 400-17-000341-012, 14 mai 2004, 5 p. - *Appel n° 90*

(25) Langlois c. Compagnie mutuelle d'assurance Wawanesa, Cour supérieure, (C.S.), Gaspé, 110-05-001077-029, 22 octobre 2004, 7 p. ; J.E. 2004-2060

(75) Lebrun c. ING Groupe Commerce, Cour du Québec (C.Q.), Chambre civile, St-Jérôme, 700-22-006007-008, 26 novembre 2002, 9 p.

(54) Legault c. Compagnie d'Assurance Missisquoi, Cour du Québec (C.Q.), Chambre civile, Montréal, 500-02-045114-969, 14 janvier 1999, 14 p. ; AZ-99036297 ; B.E. 99BE-616

Legault c. Compagnie d'assurance Guardian du Canada, Cour du Québec (C.Q.), Laval, 540-22-002682-986, 28 août 2001.

Lemay-Paquette c. L'Unique Compagnie d'Assurance, Cour supérieure, (C.S.), Longueuil, 505-17-000954-018, 20 mai 2004, 14 p.

(40) Lemire c. Assurances Générales des Caisses Desjardins inc., Cour du Québec (C.Q.), Chambre civile, Division des petites créances, Sherbrooke, 450-22-002987-007, 11 décembre 2002, 4 p.

(108) Lemire c. La Compagnie mutuelle d'assurance Wawanesa, Cour du Québec (C.Q.), Chambre civile, Division des petites créances, Joliette, 705-32-006903-030, 8 mars 2005, 3 p.

(85) Leroux c. Général Accident, compagnie d'assurance du Canada, Cour du Québec (C.Q.), Chambre civile, Montréal, 500-02-036786-965, 26 novembre 2001, 4 p.

(39) Lessard c. Bienvenu Assurances inc., Cour du Québec (C.Q.), Chambre civile, Division des petites créances, Granby, 460-32-002580-024, 10 mars 2004, 3 p.

(90) L'Union-Vie, compagnie mutuelle d'assurance c. Landry, Cour d'Appel (C.A.), Québec, 200-09-004857-048, procès-verbal d'audience, 3 novembre 2005, 4 p. - *Jugement de première instance n°89*

(35) M.D. c. AXA Assurances inc., Cour du Québec (C.Q.), Chambre civile, Jonquière (Chicoutimi), 165-22-000247-002, 3 avril 2003, 20 p. ; AZ-50170948 ; J.E. 2003-927 ; REJB 2003-40271 ; 2003 R.J.Q. 1671 ; 2003 R.R.A. 714

(45) Main c. Oppenheim (Lloyd's), Cour supérieure (C.S.), Chambre civile, Bonaventure, 105-05-000067-948, 12 avril 1999, 8 p. ; AZ-00026058 ; B.E. 2000BE-154 ; 1999 J.Q. 1594

(1) Maltais c. Axa Assurances Inc., Cour Supérieure (C.S.), Québec, 200-17-002787-026, 24 mars 2006, 13 p.

Mansour c. Compagnie mutuelle d'assurances Wawanesa, Cour du Québec (C.Q.), Chambre civile, Montréal, 500-22-129987-064, 4 avril 2008, 12p. ; 2008 QCCQ 2451

(20) Mantache c. Innovassur Assurances Générales inc., Cour du Québec (C.Q.), Chambre civile, Montréal, 500-22-092549-032, 11 mars 2005

(66) Martel c. Promutuel Verchère, société mutuelle d'assurance générale, Cour supérieure (C.S.), Richelieu, 765-05-001002-994, 21 mars 2002, 12 p. ; 2002 J.Q. 513

(109) Martin c. La Compagnie mutuelle d'assurance Wawanesa, Cour du Québec (C.Q.), Chambre civile, Division des petites créances, Montréal, 500-32-074400-039, 17 septembre 2004, 3 p.

(38) Mireault c. La Fédération compagnie d'assurance du Canada, Cour du Québec (C.Q.), Chambre civile, Division des petites créances, Montréal, 500-32-064354-022, 31 juillet 2002, 3 p.

(110) Morency c. La Compagnie d'assurance Allianz du Canada, Cour du Québec (C.Q.), Chambre civile, Division des petites créances, Joliette, 705-32-006617-036, 21 décembre 2004, 2 p.

(76) Morissette c. Wawanesa, compagnie mutuelle d'assurance, Cour du Québec (C.Q.), Chambre civile, Joliette, 705-22-005198-039, 7 janvier 2004, 5 p.

(91) Morissette c. Assurances Générales des Caisses Desjardins inc., Cour du Québec (C.Q.), Chambre civile, Joliette, 705-22-005282-031, 1er avril 2004, 9 p.

(12) Murray Hill Leasing Inc. c. Bélair, compagnie d'assurance, Cour Supérieure (C.S.), Montréal, 500-05-018002-921, 28 avril 1995, 28p.; AZ-95021479 ; J.E. 95-1146 ; 1995 J.Q. 3011 ; 1995 R.R.A. 647 à 656

(26) Nadeau c. ING groupe commerce, Cour du Québec (C.Q.), Chambre civile, Sherbrooke, 450-22-004182-029, 22 avril 2004, 11 p.

(80) Ouellette c. Compagnie mutuelle d'assurance Wawanesa, Cour du Québec (C.Q.), Chambre civile, Gatineau, 550-22-005573-025, 11 juin 2004, 6 p.

(96) Ouellette c. AXA Assurances inc., Cour du Québec (C.Q.), Chambre civile, Division des petites créances, La Tuque, 425-32-000845-042, 26 novembre 2004, 6 p.

(28) Pacheco c. AXA Assurances, Cour du Québec (C.Q.), Chambre civile, Montréal, 500-22-091322-035, 23 juin 2005, 8 p.

Patoine c. La Générale Accident cie d'Assurance du Canada, 1992 R.R.A. 733

(36) Payeur (Ercolino) c. Compagnie d'Assurance les Assurances La Capitale, Cour supérieure, (C.S.), Montréal, 500-05-064000-019, 29 juillet 2005, 14 p.

(98) Perron c. AXA Assurances, Cour du Québec (C.Q.), Chambre civile, Division des petites créances, Chicoutimi, 150-32-003204-001, 28 novembre 2001, 4 p.

(86) Philibert c. Zurich Canada compagnie d'assurance, Cour du Québec (C.Q.), Chambre civile, Trois-Rivières, 400-22-001951-991, 4 juin 2004, 14 p.

(11) Pineault c. St-Maurice (La), compagnie d'assurance, , Cour Supérieure (C.S.), Montréal, 500-05-003685-904, 30 mars 1992, 10p.; AZ-92025026 ; 1992 R.R.A. 449 à 452

(87) Pion c. Wawanesa, Cour du Québec (C.Q.), Chambre civile, St-Hyacinthe, 750-22-002289-027, 1er décembre 2004, 5 p.

(5) Potvin c. Union canadienne compagnie d'assurance (L'), Cour provinciale (C.P.), Québec, 200-02-003580-844, 6 février 1985, 7p.; [1985] C.P. 86 à 88

(27) Quirion c. AXA Assurances, Cour du Québec (C.Q.), Chambre civile, Montréal, 500-22-067849-029, 29 septembre 2003, 8 p. ; AZ-50196658 ; B.E. 2004-BE-388 ; REJB 2003-48663

(114) Rodier c. AXA Assurances inc., Cour du Québec (C.Q.), Chambre civile, Laval, 540-22-007555-039, 13 octobre 2004, 13 p.

(60) Rodriguez c. Assurances Générales des Caisses Desjardins inc., Cour Supérieure (C.S.), Montréal, 500-17-003659-987, 8 juin 1999, 8 p. ; REJB 1999-13224

(4) Romano c. Indemnité (L'), Cie canadienne, Cour provinciale (C.P.), Montréal, 500-02-039597-849, premier avril 1987, 13p.; AZ-87035025 ; 1987 R.R.A. 512 à 516

(18) Rondeau c. Oppenheim (Lloyd's), Cour Supérieure (C.S.), Montréal, 500-05-040502-989, 28 mars 2001, 6p. ; AZ-50084844 ; J.E. 2001-931 ; 2001 R.D.I. 297 ; 2001 R.R.A. 505

(55) Roy c. ING Groupe Commerce, Cour du Québec (C.Q.), Chambre civile, St-Jérome, 700-22-008737-024, 22 octobre 2003, 12 p. ; AZ-50204202 ; J.E. 2003-2170 ; REJB 2003-49364 ; 2003 R.R.A. 1485

(50) Savard c. Assurances Générales des Caisses Desjardins, Cour Supérieure (C.S.), Montréal, 500-17-010641-010, 3 avril 2003, 14 p.

(34) Simoneau c. L'Industrielle Alliance Compagnie d'Assurances Générales, Cour du Québec (C.Q.), Chambre civile, St-Jean-Sur-Richelieu, 755-22-003115-014, 7 avril 2003, 7 p.

(64) Simoneau c. AXA Assurances inc., Cour du Québec (C.Q.), Chambre civile, Shawinigan, 410-22-001028-047, 21 avril 2006, 13 p. ; AZ-50172839 ; 2006 QCCQ 3304

(24) Spénard c. Promutuel Bois-Franc, société mutuelle d'assurance générale, Cour du Québec (C.Q.), Chambre civile, Arthabaska, 415-32-003671-040, 19 aout 2005, 5 p.

(17) St-Denis c. Bélair Direct, compagnie d'assurance, Cour du Québec (C.Q.), Chambre civile, Montréal, 500-22-082165-039, 13 mai 2004, 4 p.

Thériault c. Compagnie d'assurances Traders générale, Cour Supérieure (C.S.), 1997 R.R.A. 1108, appel rejeté sur requête.

(22) Thibodeau c. Compagnie mutuelle d'assurance Wawanesa, Cour du Québec (C.Q.), Chambre civile, Longueuil, 505-32-016292-030, 4 mars 2004, 3 p.

(84) Tinkler c. Wawanesa, compagnie mutuelle d'assurance, Cour du Québec (C.Q.), Chambre civile, Mont-Laurier, 560-22-002577-044, 26 octobre 2005, 4 p.

(8) Tomic c. Madill (Lloyd's), Cour Supérieure (C.S.), Montréal, 500-02-005300-817, 10 avril 1987, 14 p.; AZ-87021246 ; J.E. 87-582 ; 1987 R.R.A. 462 à 466

(29) Transco 2000 ltée c. Cartier et InnovAssur, assurances générales inc., Cour du Québec (C.Q.), Chambre civile, St-Hyacinthe, 750-32-006638-046, 12 juillet 2005, 5 p.

Transport Raymond Jean-Louis et Raymond Jean Louis c. ING, Cour Supérieure (C.S.), Joliette, 705-17-000496-024, 4 novembre 2003, 6p.

(81) Tremblay c. AXA Assurances inc., Cour du Québec (C.Q.), Chambre civile, St-Hyacinthe, 750-22-002419-038, 3 mars 2004, 7 p.

Tremblay c. Industrielle Alliance (L'), compagnie d'assurances générales, Cour du Québec (C.Q.), Chambre civile, procédure allégée, St-Jérôme (Terrebonne), 700-22-011382-040, 2 mars 2006, 11 p.; 2006 QCCQ 1781

(99) Trudeau c. La Compagnie mutuelle d'assurance Wawanesa, Cour du Québec (C.Q.), Chambre civile, Division des petites créances, Gatineau, 550-32-011884-043, 12 octobre 2004, 4 p.

(31) Valmont Lavallières c. Wawanesa, Compagnie mutuelle d'assurance, Cour du Québec (C.Q.), Chambre civile, Sherbrooke, 450-22-003989-028, 27 mai 2005, 10 p.

(6) Wagner c. I.N.G., Le groupe Commerce, compagnie d'assurance, Cour du Québec (C.Q.), Québec 200-22-011765-997, 12 février 2001, 7p.; AZ-50083324 ; J.E. 2001-629 ; REJB 2001-23504 ; 2001 R.R.A. 531 à 535

---

[1] La jurisprudence précédée d'un numéro réfère à la liste des 114 jugements analysés. Les autres jugements sont mentionnés soit à titre d'information., soit parce qu'ils sont utilisés dans l'analyse

## *Bibliographie relative aux lois, aux règlements et à la jurisprudence*


*Acte concernant les peines, pardons et commutations de sentences* chap. 181, 1883.

*Charte des droits et libertés de la personne*, L.R.Q. c. C-12.

*Code civil du Québec*, L.R.Q., ch. C-91.

*Code criminel*, 1892, s.l., 1892, 422p + appendices

*Code criminel et autres lois spéciales du Canada*, Ottawa, Imprimeur de la Très excellente Majesté le Roi, 1947,

*Code criminel*, L.R.C. 1985, ch. C-46.

*Code des droits de la personne* de l'Ontario L. R. O. 1990, ch. H.19.

*Code pénal*, (France) Assemblée nationale, 25 septembre 1791.

*Code pénal. Nouveau code pénal, ancien code pénal*. Paris, Dalloz, 1999, 2526p. + addendum.

Commission des droits de la personne et des droits de la jeunesse c. Communauté urbaine de Montréal (service de police) Tribunal des droits de la personne, 500-53-000094-985, 4 décembre 2001, 2002 R.J.Q. 824 ; 2001 42 C.H.R.R. 126

Communauté urbaine de Montréal (service de police) c. Commission des droits de la personne et des droits de la jeunesse Cour d'Appel Québec), 500-09-011778-024 (500-53-000094-985), 3 mai 2006, 2006 QCCA 612
www.lancasterhouse.com/decisions/ 2006/may/QCA MontrealCommunauteurbaine.pdf

*Compagnie d'assurance Royal c. Gauthier*, 1964 , B.R. 888.

*Constitution* (1793, An 1), France
www.conseil-constitutionnel.fr/textes/constitution/c1793.htm
http://mjp.univ-perp.fr/france/co1793.htm

*Déclaration des droits de l'homme et du citoyen* (1789), France.
www.justice.gouv.fr/textfond/ddhc.htm

*Déclaration d'indépendance des Etats-Unis* (1776). Traduction de Thomas Jefferson.
www.tlfq.ulaval.ca/axl/amnord/USA-hst-declaration_ind.htm
www.droitshumains.org/Biblio/Text_fondat/US_03.htm#1

*Loi canadienne sur les droits de la personne,* L.R.C, 1985, ch. H-6

Loi constitutionnelle *de 1867*

*Loi modifiant la Loi sur le casier judiciaire et d'autres lois en conséquence*, L.C. 1992, c. 22.

*Loi sur l'Agence nationale d'encadrement du secteur financier*, L.R.Q., chapitre A-7.03 www.canlii.org/qc/legis/loi/a-7.03/20040323/tout.html

*Loi sur la protection du consommateur*, L.R.Q., chapitre P-40.1 http://www2.publicationsduquebec.gouv.qc.ca/dynamicSearch/telecharge.php?type=2&file=/P_40_1/P40_1.html

*Loi sur l'assurance automobile*, L.R.Q., ch. A-25 http://www2.publicationsduquebec.gouv.qc.ca/dynamicSearch/telecharge.php?type=2&file=/A_25/A25.html

*Loi sur le casier judiciaire*, S.C. 1969-70, c. 40 ou S.R.C. 1970, c. 12 (1er supp.). Loi relative au relèvement des personnes déclarées coupables d'infractions et qui se sont amendées par la suite.

*Loi sur le casier judiciaire*, L.R.C. (1985) ch. C-47. Loi relative à la réhabilitation des condamnés qui se sont réadaptés.

*Loi sur les assurances,* L.R.Q., ch. A-32.

*Loi sur les sociétés d'assurances*, 1991, ch. 47.

Péloquin c. Syndicat des agents de la paix en services correctionnels du Québec 2001 R.J.A. 2215; Cour d'appel, Montréal, 500-09-001962-935, 31 août 2000, 12 p.

R. c. Sault Ste-Marie, 1978 2 R.C.S. 1299 ; 3 C.R. (3d) 30 ; 40 C.C.C. (2d) 353 ; 85 D.lL.R. (3d) 161 ; 7 C.E.L.R. 53 ; 21 N.R. 295. www.er.uqam.ca/nobel/r23124/jur2535/R_c_Sault_Sainte_Marie.pdf

Royal Insurancce Compagny Ltd c. Gauthier 1964 B.R. 861

Therrien (Re), [2001] 2 R.C.S. 3; 2001 CSC 35

Transport Raymond Jean-Louis et Raymond Jean-Louis c. ING, Groupe Commerce, Cour supérieure, (C.S.), Joliette, 705-17-000496-024, 4 novembre 2003, 6p.

Wallace c. United Grain Growers Ltd, 1997 3 R.C.S. 701.

Whiten c. Pilot Insurance Co., (2002) 1 R.C.S. 595 ; 2002 CSC 18.

Zurich Insurance Co. c. Ontario (Comm. des droits de la personne) (1992) 16 C.H.R.R. D/255 (S.C.C)

# *Table des matières*

www.ingramcontent.com/pod-product-compliance
Lightning Source LLC
LaVergne TN
LVHW021037011026
849160LV00009BA/673